生涯作り続けたい
定番レシピ
100

石原洋子の

昔ながらのおかず

JN024474

主婦と生活社

はじめに

　昔も今も愛され続けているおかず、お母さんから子どもたちへ、それぞれの家庭で受け継がれていく味、それが「昔ながらのおかず」です。

　今から50年くらい前は、特別なことがないかぎり、ごはんは家で作ることが当たり前でした。家族みんなで外食できるようなお店も少なく、世の中もそれほど豊かではありませんでしたので、家でいただくごはんが何よりの楽しみでした。

　それだけに、当時は、よりおいしくするための手間を惜しみませんでした。野菜は香りや味が濃かったので、水にさらしてアク抜きをしたり、ゆでこぼしてぬめりを取ったりしました。また、味がしみ込みやすいように、下煮もよくしました。おでんの大根なども下煮をしてから加えていたものです。また、肉は今ほど改良されていないのでかたく、やわらかくするために長く煮込まなければなりませんでした。

　いわゆる「たれ」のような既製の調味料はなく、基本の調味料だけで作っていましたが、それでも満足のいくおかずができたのは、手間を惜しまなかったからかもしれません。

　我が家では、祖母がコロッケを作るとき、孫の私たちも手伝うのが習わしでした。その味は母へと受け継がれ、今は私が次の代へと伝えています。大人になったときに懐かしい思い出になればと思います。家庭での心がこもったお料理の味は舌がよく覚えていて、一生忘れません。

　今の時代は日々の暮らしに追われ、買おうと思えば何でも手に入ります。お料理も時短のものから海外の珍しい料理まで、たくさん紹介されています。お母さんのお手伝いをする時間もないほど子どもたちも忙しく、親子でキッチンに立つ機会も少なくなったので、お料理を伝えるのも困難になりました。そんな時代だからこそ、だれもがどこかで食べたことがある、ほっとする味を伝えていきたいものです。

　この本では、現在も昔と同様に作り続けられているお料理のほか、みんなが大好きだけれどなかなか作る機会がなくなってしまったお料理も、現在の食材に合わせたり、調理法を簡単にするなど、作りやすくして紹介しています。みなさまのご家庭で役立ち、その味を次世代につなげていただけることを願っています。

石原洋子

目次

はじめに ───────────────── 2

だし汁のこと、目ばかりのこと。── 6

第1章

定番おかず
食卓の主役になる

鶏肉

炒り鶏 ───────────────── 8

鶏のから揚げ ─────────── 10

鶏の照り焼き ─────────── 11

チキンマカロニグラタン ──── 12

チキンクリームシチュー ──── 13

豚肉

豚のしょうが焼き ───────── 15

ライスカレー ─────────── 16

肉じゃが ───────────── 17

とんかつ ───────────── 18

煮豚 ─────────────── 19

八宝菜 ────────────── 20

酢豚 ─────────────── 21

春巻き ────────────── 22

レバにら炒め ─────────── 23

牛肉

肉豆腐 ────────────── 24

牛肉の八幡巻き ───────── 25

チンジャオロースー ─────── 26

ハヤシライス ─────────── 27

ひき肉

ハンバーグ ──────────── 28

ロールキャベツ ───────── 30

ポテトコロッケ ───────── 31

スコッチエッグ ───────── 32

なすのはさみ揚げ ───────── 33

ギョーザ ───────────── 34

シューマイ ──────────── 35

魚介

さばのみそ煮 ─────────── 36

かれいの煮つけ ───────── 38

いかと里いもの煮もの ───── 39

ぶり大根 ───────────── 40

ぶりの照り焼き ───────── 41

いわしのかば焼き ───────── 42

いわしのしょうが煮 ─────── 43

さけのムニエル ───────── 44

かにクリームコロッケ ───── 45

えびフライ・あじフライ ──── 46

えびとみつばのかき揚げ ──── 47

えびのチリソース煮 ─────── 48

豆あじの南蛮漬け ───────── 49

卵・豆腐

茶碗蒸し ───────────── 50

だし巻き卵 ──────────── 51

厚焼き卵 ───────────── 51

オムレツ ───────────── 52

かに玉 ────────────── 53

にら玉炒め ──────────── 54

マーボー豆腐 ─────────── 55

擬製豆腐 ───────────── 56

揚げ出し豆腐 ─────────── 57

食卓は時代を映す鏡のようです。── 58

第2章

汁もの
ほっと落ち着く

豚汁 ─────────────── 60

けんちん汁 ──────────── 61

しじみ汁 ───────────── 61

いわしのつみれ汁 ───────── 62

かす汁 ────────────── 62

すいとん汁 ──────────── 63

かき玉汁 ───────────── 63

コーンスープ ─────────── 64

ミネストローネ ───────── 64

第3章

ごはん・麺
満足度の高い

かやくごはん	66
焼きおにぎり	67
わかめごはん	67
親子丼	68
そぼろ丼	68
オムライス	69
ちらしずし	70
赤飯	71
ピラフ	72
スパゲッティミートソース	73
チャーハン	74
スパゲッティナポリタン	74

第4章

副菜
食卓にあるとうれしい

サラダ

ポテトサラダ	76
マカロニサラダ	77
大根とほたてのサラダ	77
コンビネーションサラダ	78
春雨サラダ	79
フルーツサラダ	79

あえもの

ほうれん草のおひたし	80
白あえ	81
いんげんのごまあえ	82
たこのぬた	83
ブロッコリーのからしあえ	83
きゅうりとわかめの酢のもの	84
紅白なます	85
酢ばす	85

炒めもの

きんぴら	86
雷こんにゃく	86
炒り豆腐	87
なすとピーマンのみそ炒め	87

煮もの

小松菜の煮びたし	88
ひじきの煮もの	88
切り干し大根の煮もの	89
里いもの煮っころがし	89
かぼちゃの甘煮	90
さつまいもの甘煮	90
卯の花	91
金時豆の甘煮	91
厚揚げの煮もの	92
高野豆腐の煮もの	92
たけのこの土佐煮	93

漬けもの

白菜の即席漬け	94
ぬか漬け	95

この本の決まり

＊計量単位：大さじ1＝15㎖　小さじ1＝5㎖　1カップ＝200㎖
＊火加減は特に表示がない場合は「中火」です。
＊野菜を洗う、皮をむく、へたや種を取る、きのこの石づきを取り除くなどの下ごしらえは、特別な場合を除いて省略しています。
＊炒め油、揚げ油、単独で味を調えるために使う塩・こしょう、好みで加える調味料は、材料欄の一番下に■で材料名のみを記し、分量は本文中に入れています。
＊塩は天日塩、しょうゆは濃い口しょうゆ、砂糖は上白糖、小麦粉は薄力粉を使っています。
＊電子レンジの加熱時間は600Wを基本としています。500Wの場合は1.2倍の時間を目安にしてください。機種によっては多少の差が出ることもあります。

だし汁はその風味そのものが
必要なとき、または食材の味が
淡泊なときに使います。

以前は筑前煮や肉じゃがのような煮もの
にも、だし汁を加えていましたが、今は肉
と野菜から出るうまみだけで充分なので、
だし汁は省きました。

だし汁を加えるのは、基本的に、だし巻
き卵や煮びたしのように、「だし」そのもの
の風味が必要なとき、たけのこなど淡泊な
食材を煮るときなどです。

以前よりも登場回数は減ったとはいえ、
昆布とかつお節からとっただし汁は、香り
にも味にも深みがあります。必要になった
らぜひ、試してみてはいかがでしょう。

昆布とかつおのだし汁

材料（作りやすい分量）
水…4カップ
昆布…10g
削り節…5g

作り方

1
鍋に水と昆布を入れて
10分ほどおき、弱火
にかける。

2
30分ほどしてコトコ
トと煮立ち始めたら、
昆布を取り出す。中火
にして、煮立ったとこ
ろへ削り節を加え、す
ぐに火を止める。

3
削り節が沈んだら、ペ
ーパータオルを敷いた
ざるで漉す。

4
澄んだ黄金色のだし汁
がとれたら、でき上が
り。すぐに使わない場
合は、冷めたら保存容
器に移し、冷蔵保存す
る。保存期間は2〜3日。

よく使う食材は、目ばかりで
だいたいの重さを把握すると便利です。

野菜は多少とも大きさは違いますが、一定の基
準があり、料理レシピはそれを元に作られている
ことが少なくありません。知っておくと役立つ野
菜と重さをご紹介します。

50〜60gが目安

卵（殻つきMサイズ）1個

100gが目安

きゅうり1本

150gが目安

じゃがいも1個
トマト1個
にんじん1本

200gが目安

玉ねぎ1個

第1章

食卓の主役になる

定番おかず

時代によって食材や味が違いながらも、親から子へ、
そして次の世代へと、そのバトンは受け継がれてきました。
今も昔も、食卓に並ぶと笑顔になり、
ごはんのおかわり必至の花形おかず、勢ぞろいです。

鶏肉

炒り鶏

「筑前煮」、「がめ煮」とも呼ばれる、和食の代表的な料理です。

おせちや結婚式など、祝い料理としても作られています。

鶏肉と多種の野菜からうまみが出るので、だしは加えません。

これ一品でも充分なほど、栄養も豊かです。

材料（2人分）

鶏もも肉…小1枚（200g）

 ⇒ひと口大に切り、酒、しょうゆ各小さじ1をもみ込む

ごぼう…大½本（100g）

 ⇒2cm大の乱切りにし、水に5分さらす

にんじん…⅔本（100g）

 ⇒2cm大の乱切り

れんこん…100g

 ⇒2cm大の乱切りにし、ざっと洗う

こんにゃく…½枚（100g）

 ⇒2cm大にちぎり、水からゆでてざるにあげる

しいたけ…4枚（100g）　⇒4等分に切る

いんげん…50g　⇒3cm長さに切る

A 酒、みりん、しょうゆ…各大さじ2

 砂糖…大さじ½

■ サラダ油

作り方

1 鍋にサラダ油大さじ1を熱し、ごぼう、にんじん、れんこん、こんにゃくを入れて油がまわるまで炒める。鶏肉を加えてさっと炒め、水1カップを加える。

2 煮立ったらアクを取り、**A**で調味して、しいたけを加える。落としぶたをし、弱めの中火にする。ときどき上下を返しながら20分ほど煮、いんげんを加えて3分ほど煮る。

3 最後に落としぶたを取って火を強め、照りが出るまで煮汁をとばす。

 Point

鶏肉は酒としょうゆで下味をつけておくと肉が締まってかたくならず、うまみも増します。

鶏のから揚げ

言わずと知れた人気おかずです。我が家では3人の孫が来ると、鶏肉1kgを揚げます。小麦粉で揚げたりもしますが、片栗粉のほうがソフトなから揚げになるようです。

材料（2人分）

鶏もも肉…小2枚（400g）
⇒ひと口大に切り、酒、しょうゆ各大さじ2、おろししょうが小さじ2をもみ込む

レモン（くし形切り）…1個

片栗粉…大さじ7

■揚げ油

作り方

1 鶏肉全体に片栗粉をしっかりまぶす。

2 180℃の揚げ油適量に入れ、衣が固まったら返しながら全体で7分ほど揚げる。器に盛り、レモンを添える。

Point

「衣が揚げ固まってから返し、その前は触らない！」この鉄則を守れば、フライパンに1〜2cm深さ程度の油でもカリッと揚がります。しだいに泡が小さくなり、音も小さく高音になったら油をきってください。

鶏の照り焼き

照り焼きは今やインターナショナル。外国の人からも好まれる味です。でも皮がグチャッとしてはいただけません。皮目をカリッと焼いてから、たれをからめてください。

材料（2人分）

鶏もも肉…小2枚（400g）

ピーマン…2個（80g）

⇒縦4等分に切る

A 酒、みりん、しょうゆ…各大さじ1½

　砂糖…大さじ½

■ サラダ油

Point

皮目をパリッと焼き上げるために、落としぶたやフライ返しなどで押しつけて、余分な脂肪を取りながら焼きます。

作り方

1 フライパンにサラダ油小さじ1を弱めの中火で熱し、鶏肉を皮目から入れて、落としぶたで押しながら5〜6分焼く。こんがり焼き色がついたら返し、出てきた脂をペーパータオルでふき取る。

2 ピーマンを加え、表面に薄く焼き色がつくまで2分ほど炒めて、ピーマンを取り出す。

3 Aを加えて中火にし、鶏肉を返しながら煮る。煮汁が少なくなったら皮目を下にして煮からめ、2を戻してひと煮する。肉を食べやすく切り、器に盛る。

チキンマカロニグラタン

昭和は洋食が家庭に広まっていった時代でした。グラタンはその代表。今のようなオーブンがなく、天火オーブンと呼ばれる箱型の鍋をガス台にのせて焼いたものです。

材料（2人分）

鶏もも肉…1枚（250g）
　⇒ひと口大のそぎ切りにし、
　　塩、こしょう各少々をふる
マカロニ…50g
マッシュルーム…100g　⇒5mm厚さに切る
ホワイトソース
　玉ねぎ…⅓個（70g）　⇒縦薄切り
　バター…大さじ2
　小麦粉…大さじ3
　牛乳…2カップ
A パン粉…大さじ2
　パルメザンチーズ…大さじ1
　バター…大さじ½　⇒7mm角に切る
■塩・こしょう・サラダ油

作り方

1 鍋に水3カップを煮立てて塩小さじ⅔を加え、マカロニを袋の表示より少し長めにゆでる。ざるにあげ、ラップをして乾燥を防ぐ。

2 フライパンにサラダ油大さじ½を熱し、鶏肉を皮目から入れ、あいている場所にマッシュルームを加えて、色づけないように炒める。鶏肉は途中で返して両面を焼き、マッシュルームはしんなりするまで炒めて、ともに取り出す。

3 ホワイトソースを作る。フライパンをきれいにし、バターを弱めの中火で溶かして、玉ねぎを色づけないように炒める。小麦粉をふり入れて炒め、粉っぽさがなくなったら牛乳を一気に加える。中火にして鍋底からよくかき混ぜ、とろみをつける。

4 **2**、**1**を加えて混ぜ、塩小さじ½、こしょう少々で調味する。

5 耐熱性の器に**4**を入れ、**A**を順にのせ、220℃のオーブンで15〜20分焼く。

戦後の食糧難時代、学校給食から広まり、1960年代に顆粒ルーができて、さらに一般化した料理です。最近はあまり見かけませんが、豚肉で作ることもありました。

材料（2人分）

鶏もも肉…1枚（250g）
⇒ひと口大に切り、塩小さじ¼、こしょう少々をふる

じゃがいも…大1個（200g）
⇒ひと口大に切り、水にさっと通してざるにあげる

にんじん…1本（150g）
⇒ひと口大の乱切り

グリンピース（冷凍）
…¼カップ（30g）
⇒解凍する

ホワイトソース
　玉ねぎ…½個（100g）
　⇒1cm幅のくし形切り
　バター…大さじ2
　小麦粉…大さじ3
　牛乳…2カップ

■ サラダ油・塩・こしょう

作り方

1 鍋にじゃがいもとにんじん、水1½カップを入れ、ふたをして煮立てる。弱火にし、やわらかくなるまで10分ほど煮る。

2 フライパンにサラダ油大さじ½を熱し、鶏肉を皮目から入れて、弱めの中火で色づけずに炒め、色が変わったら取り出す。

3 ホワイトソースを作る。フライパンをきれいにし、バターを弱めの中火で溶かして、玉ねぎを色づけないように炒める。小麦粉をふり入れて炒め、粉っぽさがなくなったら牛乳を一気に加える。中火にして鍋底からよくかき混ぜ、とろみをつける。

4 1の鍋に2と3を加え、ふたをする。煮立ったら弱火にし、ときどき混ぜながら5分ほど煮る。最後にグリンピースを加えてひと煮し、塩小さじ⅔、こしょう少々で調味する。

Point

ホワイトソースの牛乳は冷たいほうが小麦粉が溶けやすく、一気に加えて混ぜてもダマになりません。

豚肉

豚のしょうが焼き

しょうがは豚肉の臭み消しのために入れていましたが、今や甘辛味をバシッと締める味のエッセンスです。しょうがを加えることによって、白いごはんがすすみます。

材料（2人分）

豚ロース肉（しょうが焼き用）… 6枚（200g）
　⇒脂身と赤身の間に切り込みを4〜5か所入れて
　　筋切りする

A ⇒混ぜ合わせる
　└ 酒、しょうゆ、おろししょうが… 各大さじ½

B ⇒混ぜ合わせる
　└ 酒、しょうゆ… 各大さじ1
　└ 砂糖、おろししょうが… 各小さじ1

キャベツ… 1〜2枚（100g）　⇒せん切り

小麦粉… 小さじ1

■ サラダ油

作り方

1 バットに豚肉を重ねずに並べ、**A**をかける。途中で返し、全体で5分漬ける。

2 **1**の豚肉を盛りつけるときに表になる面を上にし、小麦粉小さじ½を茶こしでふる。

3 フライパンにサラダ油小さじ1を熱し、豚肉の粉がついている面から焼く。肉の上に再び茶こしで残りの小麦粉をふり、上下を返す。**B**を回しかけて肉にからめ、器に盛って、キャベツを添える。

Point

小麦粉は茶こしを使ってふると、全体に薄くまんべんなくつけることができます。

材料（2〜3人分）

豚肉（こま切れ）…200g

玉ねぎ…1個（200g）
　　⇒厚めの薄切り

にんじん…1本（150g）
　　⇒ひと口大の乱切り

じゃがいも…2個（300g）
　　⇒ひと口大に切る

トマト…1個（150g）
　　⇒1㎝角に切る

にんにく、しょうが…各1かけ
　　⇒すりおろす

カレー粉…大さじ1½

小麦粉…大さじ4

A 塩…小さじ1½
　　トマトケチャップ、しょうゆ、
　　はちみつ…各小さじ2

ごはん（温かいもの）…300〜500g

■ サラダ油

作り方

1 鍋にサラダ油大さじ2を熱し、玉ねぎを強めの中火で3分ほど炒める。豚肉を加えて色が変わるまで炒め、にんじんとじゃがいもを加えて1分ほど炒める。

2 にんにく、しょうがを加えて炒め、カレー粉をふり入れて炒める。香りが立ったら小麦粉を加え、粉っぽさが消えるまで炒める。

3 水3カップを加えて煮立て、アクを取る。トマトを加えて、**A**で調味し、ふたをして、ときどき混ぜながら20分煮る。最後にふたを取り、少しとろみがつくまで煮る。器にごはんを添えて盛る。

Point

カレー粉を炒めて香りを出したら、小麦粉を炒めます。これがカレールーの素になります。

ライスカレー

黄色くてちょっと甘いカレーです。カレーが「国民食」になったのは固形ルーができてから。その前はたまにしかいただけない、ごちそうでした。

明治時代、海軍大将・東郷平八郎の命令でビーフシチューを作るとき、赤ワインの代わりにしょうゆで煮たことがルーツという一説も。おかげで日本人の舌に合う料理になりました。

材料（2人分）

豚肉（こま切れ）…150g

じゃがいも…2個（300g）
　　⇒ひと口大に切る

にんじん…1本（150g）　⇒乱切り

玉ねぎ…1個（200g）
　　→2cm幅のくし形切り

絹さや…20g　⇒筋を取る

しらたき…小1袋（120g）
　　⇒水からゆでてざるにあげ、食べやすく切る

A 酒、しょうゆ、みりん…各大さじ2½
　　砂糖…大さじ1

■ サラダ油

作り方

1 フライパンにサラダ油大さじ1を熱し、じゃがいもとにんじんを2分ほど炒める。玉ねぎを加えて1分ほど炒め、豚肉をほぐしながら加えて炒める。

2 肉の色が変わったら水1カップを加え、アクがあれば取って、しらたきを加える。Aを順に加えて調味し、落としぶたをして、弱めの中火で10〜15分煮る。

3 煮汁が⅓量ほどになったら絹さやを加え、ひと煮する。

17

とんかつ

夫婦ふたりの生活ではとんかつを作ろうなど考えませんが、孫たちが来ると、はりきって揚げます。自家製は格別！とんかつはおいしい料理だと、しみじみ思います。

材料（2人分）

豚ロース肉（とんかつ用）…2枚
　（240〜260g）
　⇒脂身と赤身の間に切り込みを
　　5〜6か所入れて両面を筋切りし、
　　両面に塩、こしょう各少々をふる
衣
　┌ 小麦粉…適量
　│ 溶き卵…½個分
　└ パン粉…適量
キャベツ…1〜2枚（100g）
　⇒せん切り
とんかつソース、（好みで）練りがらし
　…各適量
■ 揚げ油

作り方

1 衣をつける。豚肉全体に小麦粉をつけ、余分な粉をはたき落とす。溶き卵に通し、パン粉をしっかり押さえるようにまぶしつけて、余分なパン粉をはたき落とす。

2 170℃の揚げ油適量に、盛りつけるときに表になる面を下にして入れる。2分間は触らずに揚げ固め、返してもう片面もパチパチと音がしてきてきれいなきつね色になるまで2分揚げる。

3 食べやすく切り分け、キャベツを添えて器に盛る。ソースと好みで練りがらしを添える。

Point

脂身と赤身の間にある筋を包丁の先で5〜6か所切って、揚げたときに肉が縮むのを防ぎます。とんかつ用の豚肉は厚みがあるので、両面から行うとよいでしょう。

母がよく作っていた料理です。

昔は水から水分がなくなるまで煮つめて、

調味料をからめるやり方でしたが、

ここで紹介するレシピのほうが味がよくしみます。

材料（2人分）

豚肩ロース肉（かたまり）… 500g

しょうが… 1かけ

⇒4～5枚に切る

長ねぎ（青い部分）… 10cm

A 酒… ⅓カップ

└ しょうゆ、砂糖… 各大さじ3

ゆで卵（8分ゆで）… 4個

作り方

1 鍋に水4カップと豚肉、しょうが、長ねぎを入れ、火にかける。煮立ってアクが出たら取り、表面の色が変わるまで2分ほど煮る。**A**を加えて調味し、落としぶたをして弱火で1時間ほど煮る。

2 竹串がすっと通るようになったら落としぶたを取り、煮汁が1カップほどになるまでさらに20～30分煮る。

3 ゆで卵を加え、5分ほど煮からめる。火からおろし、味を含ませる。

4 豚肉とゆで卵を食べやすく切り、器に盛る。

八宝菜

材料（3〜4人分）

豚肉（こま切れ）… 100g
　⇒酒、しょうゆ各小さじ1をまぶす

いか… ½ぱい（正味100g）
　⇒5mm幅の格子状に切り込みを入れ、
　　5cm×3cmに切って、
　　酒小さじ½、塩少々をまぶす

干ししいたけ… 2枚（10g）
　⇒水1カップにつけてもどし、そぎ切り

白菜… 1枚（100g）
　⇒ひと口大に切り、軸と葉先に分ける

にんじん… ⅓本（50g）
　⇒短冊切り

しょうが… ½かけ　⇒薄切り

ゆでたけのこ… 50g
　⇒5cm長さの薄切り

うずら卵水煮… 1パック（6個）
　⇒水けをきる

絹さや… 30g

A ⇒混ぜ合わせる
　干ししいたけのもどし汁
　　＋水… 1カップ
　酒… 大さじ1
　しょうゆ… 大さじ½
　砂糖… 小さじ½
　塩… 小さじ⅓
　こしょう… 少々

水溶き片栗粉
　⇒混ぜ合わせる
　片栗粉… 大さじ1
　水… 大さじ2

片栗粉… 小さじ2

■ サラダ油・ごま油

作り方

1 豚肉に片栗粉小さじ1をまぶす。フライパンにサラダ油大さじ½を熱し、豚肉を炒め、色が変わったら取り出す。

2 いかに片栗粉小さじ1をまぶし、サラダ油大さじ½を熱したフライパンで炒める。8割ほど色が変わったら取り出す。

3 フライパンにサラダ油大さじ1を熱し、しょうが、干ししいたけ、白菜、にんじんを1分ほど炒める。ゆでたけのこを加えてひと炒めし、**A**を加える。

4 煮立ったら、**1**、うずら卵、絹さやを加えてひと煮し、**2**を加える。水溶き片栗粉でとろみをつけ、ごま油小さじ1を回しかける。

パイナップルを加えるのは豚肉をやわらかくするため、と思っていましたが、むしろ、その甘酸っぱさでおいしさがアップする、というほうが正解のようです。

酢豚

材料（2人分）

豚肉（酢豚用角切り）…200g
　⇒ポリ袋に入れ、酒、しょうゆ各大さじ½、
　　おろししょうが小さじ1を加えてもみ込み、
　　10分ほどおく
玉ねぎ…¼個（50g）
　⇒3cm幅のくし形切りにし、長さを半分に切ってばらす
ピーマン…1個（40g）　⇒乱切り
にんじん…½本（75g）　⇒ひと口大の乱切り
パイナップル…50g　⇒ひと口大に切る
衣
　｜溶き卵…½個分
　｜片栗粉…大さじ3
A ⇒混ぜ合わせる
　｜酢、砂糖、しょうゆ…各大さじ1
　｜水…⅓カップ
　｜片栗粉…大さじ½
■サラダ油・揚げ油

作り方

1　にんじんは水からやわらかくなるまでゆで、ざるにあげる。

2　豚肉に衣の材料を順にからめる。170℃の揚げ油適量に入れ、5分ほど揚げる。

3　フライパンにサラダ油大さじ1を熱し、玉ねぎ、ピーマンを強めの中火でさっと炒める。1を加えて炒め、玉ねぎが透き通ったらパイナップルを加える。

4　Aをもう一度よく混ぜ合わせて回し入れ、2を加えて手早く炒め合わせる。

春巻き

私の春巻きは具の水分を吸収するために春雨を加えます。

他の具は「春巻き」の名のとおり、春に芽吹く野菜です。

春野菜が体の毒素を取って、活性化してくれるといわれます。

材料（10本分）

豚もも肉（薄切り）…100g
　⇒細切りにして、しょうゆ、酒各小さじ1、
　　片栗粉小さじ½をもみ込む

しいたけ…4枚（80g）　⇒せん切り

ゆでたけのこ…100g　⇒せん切り

春雨…30g
　⇒熱湯に5分ほどつけてもどし、5cm長さに切る

にら…½束（50g）　⇒4cm長さに切る

A　⇒混ぜ合わせる
　┌ しょうゆ、水…各大さじ1
　│ 酒…大さじ½
　│ 砂糖…小さじ1
　└ こしょう…少々

水溶き片栗粉　⇒混ぜ合わせる
　┌ 片栗粉…小さじ1
　└ 水…小さじ2

春巻きの皮…10枚

■ サラダ油・揚げ油・小麦粉・練りがらし・しょうゆ・酢

作り方

1 フライパンにサラダ油大さじ1を熱し、豚肉を色が変わるまで炒め、しいたけ、ゆでたけのこ、春雨、にらの順に加えながら炒め合わせる。Aで調味し、水溶き片栗粉を加えてとろみをつける。バットに移して冷ます。

2 1を10等分し、春巻きの皮にのせて包むように巻く。端にのり（小麦粉大さじ1と水大さじ⅔を練り合わせる）をぬってとめる。

3 170℃の揚げ油適量に入れ、皮が香ばしく色づくまで7分ほど揚げる。器に盛り、好みで練りがらし、しょうゆ、酢適量を添える。

レバにら炒め

レバーは薄く切ったほうが味がしみ、とろっとして舌ざわりがいいです。新鮮な豚レバーを見つけると、作りたくなる料理です。

材料（2人分）

豚レバー…150g
⇒ひと口大のそぎ切りにし、
冷水でさっと洗って水けをふき取り、
酒、しょうゆ各大さじ1、おろししょうが小さじ1を
からめて15分ほどおく

にら…1束（100g）　⇒5cm長さに切る

玉ねぎ…½個（100g）　⇒横1cm幅に切る

A ⇒混ぜ合わせる
酒、しょうゆ…各大さじ1
砂糖…小さじ½
こしょう…少々

片栗粉…大さじ2

■塩・サラダ油

作り方

1 豚レバーの汁けをきり、片栗粉をまぶす。フライパンにサラダ油大さじ1を熱し、豚レバーの両面をきれいな焼き色がつくように焼いて取り出す。

2 フライパンをきれいにし、サラダ油大さじ1を熱して、玉ねぎを強めの中火で炒める。透き通ったら、にらを加え、塩少々をふってひと混ぜする。

3 1を戻し入れ、**A**を回し入れて炒め合わせる。

○Point

豚レバーは下味の調味料をからめ、臭み消しと味つけを同時に行います。レバーはそぎ切りにすると切断面が広くなり、味がしみやすく、火が通りやすくなります。

23

牛肉

肉豆腐

簡易版すき焼きといった感じですが、こちらは煮もの、あちらは鍋ものです。すき焼きのようにご立派な肉でなくてもよいので、我が家でもよく作ります。

材料（2人分）

牛肉（切り落とし）…150g
⇒食べやすく切る

木綿豆腐…1丁（300g）
⇒6等分に切る

長ねぎ…大1本（150g）
⇒3cm幅の斜め切り

A 水…½カップ
└酒、砂糖、しょうゆ…各大さじ2½

作り方

1 鍋にAを入れて煮立て、牛肉をほぐしながら加えて、色が変わったらアクを取る。

2 肉を端に寄せ、豆腐、長ねぎを加える。煮汁をかけながら、豆腐に味がしみるまで5分ほど煮る。

牛肉の八幡巻き

ごぼうの産地、京都府八幡（やわた）市の郷土料理です。以前はごぼうを下煮していましたが、今は電子レンジ加熱。そのほうが手軽です。

材料（2人分）

牛肉（薄切り）…150g

ごぼう…1本（150g）
　⇒8cm長さ、5mm角の
　　細切りにし、
　　水に5分さらす

A ⇒混ぜ合わせる
　酒、みりん、しょうゆ
　　…各大さじ1½
　砂糖…大さじ½

■ サラダ油

作り方

1 耐熱皿にごぼうを並べ、ラップをかけて、電子レンジで2分加熱する。

2 牛肉を8等分して縦長に広げ、手前に1の⅛量をのせてくるくると巻く。

3 フライパンにサラダ油大さじ½を熱し、2の巻き終わりを下にして入れる。ふたをして、弱めの中火で焼く。巻き終わりが固まったら、ときどき返しながら全体で4分ほど焼く。

4 水大さじ3を加え、煮立ったらAを回し入れる。ふたをし、ごぼうがやわらかくなるまで弱火で10分ほど煮る。最後にふたを取り、中火で煮汁をとばす。

牛肉でごぼうをきっちり巻き、先に巻き終わりを焼き固めれば、楊枝でとめなくてもはがれません。

25

実家でたけのこがたくさん採れたことから、春になるとよく作っていました。当時の牛肉はパサついていましたが、これだけ細いと気になりませんでした。

チンジャオロースー（青椒肉絲）

材料（2人分）

牛肉（焼き肉用）…150g
⇒5mm幅の細切りにし、酒、しょうゆ各小さじ1をもみ込む

ピーマン…2個（80g）
⇒縦半分にして横5mm幅に切る

ゆでたけのこ…100g
⇒5cm長さに切って縦5mm角に切る

しょうが…1かけ　⇒せん切り

A ⇒混ぜ合わせる
　酒、しょうゆ…各大さじ½
　砂糖…小さじ⅓
　塩…小さじ¼
　こしょう…少々

片栗粉…小さじ1
■サラダ油・ごま油

作り方

1 牛肉に片栗粉をまぶす。フライパンにサラダ油大さじ½を熱し、牛肉を菜箸でほぐすようにしながら8割ほど火を通し、取り出す。

2 フライパンをきれいにし、サラダ油大さじ1を熱して、しょうがをさっと炒める。香りが立ったら、ゆでたけのこ、ピーマンの順に加えながら強めの中火で炒める。

3 1を戻し入れ、Aを回し入れて、手早く炒め合わせる。仕上げにごま油小さじ1をふり入れる。

ハヤシライス

ドミグラスソースから作っていた時代もありましたが、手間がかかるので、このレシピに落ち着きました。しょうゆを加えるのが決め手です。

材料 (2人分)

牛肉 (切り落とし)…200g
　⇒塩ひとつまみ、こしょう少々をふり、
　　小麦粉大さじ2をふる
玉ねぎ…小1個 (150g)
　⇒縦薄切り
マッシュルーム…100g
　⇒5mm厚さの薄切り
にんにく…½かけ　⇒みじん切り
白ワイン…大さじ2
A トマト…大½個 (100g)
　⇒1cm角に切る
　トマトケチャップ、しょうゆ…各大さじ1
ごはん (温かいもの)…300〜400g
バター…大さじ1
■サラダ油・塩・こしょう

作り方

1 フライパンにサラダ油大さじ1を熱し、玉ねぎを強めの中火で色づくように5分ほど炒める。

2 中火にし、にんにくを加えて香りよく炒め、牛肉を加えて炒める。肉の色が変わったら、白ワインを回しかけてアルコール分をとばし、マッシュルームを加えてしんなりするまで炒める。

3 水1カップを加え、煮立ったらAで調味して2分ほど煮る。仕上げにバターを加えて香りをつけ、味をみて、塩、こしょう各少々で調える。器にごはんとともに盛る。

ひき肉

ハンバーグ

ちぎって加えていた食パンはパン粉に、炒め玉ねぎは生のままに、卵は焼き上がりがかたくなるのでやめることにしました。昔ながらのおいしさはそのままに、より気軽に作れるレシピになりました。

材料（2人分）

合いびき肉…200g

玉ねぎ…⅓個（70g）　⇒みじん切り

A パン粉、牛乳…各½カップ

　│ 塩…小さじ⅓

　└ こしょう…少々

ソース　⇒混ぜ合わせる

　│ トマトケチャップ…大さじ2

　└ ウスターソース…大さじ1

つけ合わせ

　│ ブロッコリー…⅓個（100g）

　│ 　⇒小房に分け、塩ゆでする

　└ トマト…½個（80g）　⇒くし形切り

■ サラダ油

作り方

1 ボウルに合いびき肉、玉ねぎ、**A**を入れて全体をよく混ぜ合わせる。2等分にし、空気を抜きながらハンバーグ形にする（中央はくぼませない）。

2 フライパンにサラダ油大さじ½を熱して**1**を入れ、ふたをして3分ほど焼く。きれいな焼き色がついたら返し、再びふたをして弱めの中火で3分ほど焼く。中央が膨らみ、透明な肉汁が出てきたら焼き上がり。

3 器に盛り、つけ合わせを添えて、ハンバーグにソースをかける。

Point

ふっくらと膨らむように、ハンバーグの中央はくぼませません。焼いている途中は火加減に注意して焦がしすぎないように。表面に透明な肉汁が出てきたらでき上がりです。

ロールキャベツ

手がかかるのに、高度成長期時代のお母さんたちは
よく作っていました。使うキャベツは約½個ですが、
丸ごとのキャベツに切り込みを入れてゆでるとうまくはがせます。

材料（2人分）

肉だね　⇒よく練り混ぜ、4等分にする

　合いびき肉…120g

　玉ねぎ…⅕個（40g）

　　⇒みじん切り

　パン粉…¼カップ

　水…大さじ2

　塩、こしょう…各少々

キャベツ…8〜12枚（600g）

　⇒芯のまわりにぐるりと
　　切り込みを入れる

■ 塩・こしょう

作り方

1 鍋にたっぷりの湯を沸かし、キャベツを芯が上になるように入れ、上下を返しながら葉を1枚ずつはがし、ざるにあげる。

2 1の葉を大小組み合わせて4つに分け、太い軸をそぎ取って広げる。中央に肉だねとそぎ取った軸を置き、俵形に包んで楊枝でとめる。

3 鍋に2を巻き終わりが下になるように入れ、水3カップを加えて火にかける。煮立ったら、塩小さじ1、こしょう少々で調味する。落としぶたと鍋のふたをし、弱火で50〜60分煮る。最後に味をみて、塩、こしょう各少々で調える。

Point

キャベツは軸があった部分をずらして2〜3枚重ね、肉だねとそぎ取った軸を包みます。

昭和のおかずといえば、コロッケははずせません。合いびき肉をじゃがいもの半分ほど加えるのがポイント。揚げたては何よりのごちそうです。

ポテトコロッケ

材料（2人分）

合いびき肉…150g

じゃがいも…2個（300g）
　⇒4等分に切る

玉ねぎ…½個（100g）　⇒みじん切り

衣
- 小麦粉…適量
- 溶き卵…1個分
- パン粉…適量

キャベツ…1〜2枚（100g）　⇒せん切り

中濃ソース…適量

■ サラダ油・塩・こしょう・揚げ油

作り方

1　鍋にじゃがいもとひたひたの水を入れ、ふたをして煮立て、弱めの中火で竹串が通るまで15分ほどゆでる。

2　フライパンにサラダ油大さじ½を熱し、玉ねぎを炒め、合いびき肉を加えてほぐしながら炒める。肉の色が変わったら、塩小さじ⅓、こしょう少々で調味する。

3　**1**のゆで汁を捨て、弱火にかけて揺すりながら粉ふきにする。フォークでつぶし、**2**を加えて混ぜる。6等分の小判形にまとめ、衣の材料を順につける。

4　170℃の揚げ油適量に入れ、2分ほど揚げて返し、さらに2分ほど揚げる。器にキャベツを添えて盛り、ソースをかける。

スコッチエッグ

以前は固ゆで卵にしていましたが、
このごろは少しやわらかめのゆで卵に。
そのほうが卵がソースになっておいしいのです。

材料（2人分）

肉だね ⇒よく練り混ぜ、4等分にする

合いびき肉…200g
玉ねぎ…⅓個（70g）
　⇒みじん切り
パン粉…½カップ
牛乳…¼カップ
塩…小さじ⅓
こしょう…少々

卵…4個

衣

小麦粉…適量
溶き卵…½個分
パン粉…適量

パセリ…適量
小麦粉…適量
■ 揚げ油

作り方

1 鍋に卵がかぶるくらいの湯を沸かし、卵をそっと入れる。1分ほど静かにかき混ぜ、7分ゆでて冷水にとる。殻をむき、粗熱を取る。

2 1の水けをふき、小麦粉を薄くまぶして肉だねで包み、衣の材料を順につける。

3 150℃の揚げ油適量に入れ、揚げ固まったら、返しながら5分ほど揚げる。器に盛り、パセリを添える。

Point

肉だねがはがれないように、卵には小麦粉をまぶしておきます。

なすのはさみ揚げ

よく作ってきました。ピーマン、トマトなども肉詰めにしますが、なすは揚げます。なすはそれだけ油との相性がよいということでしょうか。

材料（2人分）

肉だね ⇒よく練り混ぜ、6等分にする
- 豚ひき肉…150g
- 長ねぎ…10cm ⇒みじん切り
- おろししょうが…小さじ1
- 片栗粉…大さじ1
- 塩…小さじ⅓
- こしょう…少々

なす…3個（240g）
⇒縦半分に切り、切断面から1cm上に包丁を寝かせて切り込みを入れる

衣 ⇒混ぜ合わせる
- 小麦粉、水…各½カップ

小麦粉…適量

■ 揚げ油・しょうゆ・練りがらし

作り方

1 なすの切り込みを入れた面に小麦粉を薄くふり、肉だねをはみ出さないようにはさむ。

2 180℃の揚げ油適量に、1を衣にからめてから入れ、2分ほど揚げる。表面が少し色づいたら返し、さらに2分ほど揲げる。器に盛り、好みでしょうゆ、練りがらし各適量を添える。

ギョーザ（餃子）

初めて作ったのは20代の後半。市販の皮がなく、皮も手作りでした。そのころは白菜で作っていましたが、途中からキャベツが定番化しました。うまみが出るので、

材料（2人分）

豚ひき肉…150g

A 塩…小さじ½

こしょう…少々

ごま油…小さじ1

B ⇒混ぜ合わせる

キャベツ…3〜4枚（200g）

⇒みじん切りにし、塩小さじ½を
ふってしんなりさせ、
水けを軽く絞る

にら…½束（50g）　⇒みじん切り

にんにく…¼かけ　⇒すりおろす

しょうが…½かけ　⇒すりおろす

ギョーザの皮…24枚

■ サラダ油・酢・しょうゆ・ラー油

作り方

1 ボウルに豚ひき肉とAを入れて粘りが出るまでよく混ぜ、Bを加えてさらによく混ぜ合わせる。24等分にする。

2 ギョーザの皮の中央に1をのせ、皮の縁に水をつけてひだを寄せながら包む。

3 フライパンにサラダ油小さじ1を熱し、2を並べる。1分ほど焼き、ギョーザの高さの半分まで湯を注ぐ。ふたをし、5分ほど蒸し焼きにする。

4 水分がなくなって皮が透き通ってきたら、ふたを取り、強めの中火で水分をとばしながら5分ほど焼く。仕上げにサラダ油大さじ½を回しかけ、5分ほど焼く。器に盛って、好みで酢、しょうゆ、ラー油各適量を添える。

材料（24個分）

豚ひき肉…300g

A 塩、砂糖…各小さじ1

酒、ごま油…各小さじ2

こしょう…少々

玉ねぎ…1個（200g）⇒みじん切り

干ししいたけ…3枚（15g）

⇒水でもどし、みじん切り

シューマイの皮…1袋（24枚）

グリーンピース（生または冷凍）…24粒

白菜（またはキャベツの外葉）…2枚

⇒軸を薄くそぐ

片栗粉…大さじ2

■ しょうゆ・酢・練りがらし

作り方

1 ボウルに豚ひき肉と**A**を入れ、よく練り混ぜる。玉ねぎに片栗粉をまぶして加え、干ししいたけも加えて混ぜ合わせる。24等分にする。

2 シューマイの皮に**1**をのせて包み、グリーンピースをのせる。

3 蒸し器に白菜を敷き、**2**を並べて、強火で10分ほど蒸す。器に盛り、好みでしょうゆ、酢、練りがらし各適量を添える。

シューマイ（焼売）

昔の料理書にあったレシピは背脂を使い、脂っぽいものでした。それが嫌で試行錯誤。食べやすくて口あたりがソフトなこのレシピに行き着きました。

魚介

さばのみそ煮

昔から新鮮なさばが手に入った関西では、しょうゆ煮が主流とか。どちらもおいしいのですが、さば独特の味とみそのコクが合うので、我が家は、さばはみそ煮と決めています。

材料（2人分）

さば（二枚おろし）… 1枚（280g）
　⇒半分に切り、表面にバッテンの切り込みを入れる
しょうが… 1かけ　⇒薄切り
A 酒、みりん…各大さじ2
B 水…½カップ
　┌ しょうゆ…大さじ½
　└ 砂糖…大さじ1
みそ…大さじ2

作り方

1 小さめのフライパンに**A**を入れて煮立て、アルコール分をとばす。**B**を加え、煮立ったら、さばを皮目が上になるように入れ、しょうがを散らす。再び煮立ったら、煮汁をかけ、落としぶたをして3分ほど煮る。

2 小さなボウルにみそを入れ、**1**の煮汁少々で溶きのばして**1**に加える。煮汁をかけながら、とろりとするまで2分ほど煮る。

Point

さばの表面に切り込みを入れるのは、味をしみ込ませるだけでなく、皮が破けないようにするためです。

材料（2人分）

かれい…2切れ（300g）

A 酒、みりん…各大さじ3

B 水…⅔カップ

| しょうゆ…大さじ3

| 砂糖…大さじ2

作り方

1 小さめのフライパンに**A**を入れて煮立て、アルコール分をとばす。**B**を加え、煮立ったらかれいを入れる。再び煮立ったら煮汁をかけ、落としぶたをして弱めの中火で6分ほど煮る。

2 落としぶたを取り、表面に煮汁をかけながら2分ほど煮る。

3 器に魚を盛り、残った煮汁を半量になるまで2分ほど煮つめてかける。

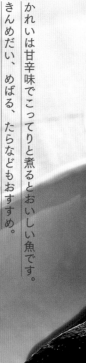

かれいの煮つけ

かれいは甘辛味でこってりと煮るとおいしい魚です。きんめだい、めばる、たらなどもおすすめ。とろりとしたたれをつけてどうぞ。

いかと里いもの煮もの

いかは、さっと煮るよりも、しっかり火を通すことでやわらかくなるので、いかを先に、あとから里いもを入れて煮ています。

材料（2人分）

するめいか…1ぱい（300g）

⇒さばいて、胴は1.5㎝幅の
輪切りにし、足は吸盤を
そぎ取って2〜3本ずつに切り離す

里いも…5〜6個（400g）

⇒大きいものは半分に切る

しょうが…大1かけ　⇒薄切り

A 水…1½カップ
┃ 酒、みりん、しょうゆ…各大さじ2
┗ 砂糖…大さじ1

作り方

1 鍋にAを入れて煮立て、いか
としょうがを加える。落とし
ぶたをし、弱めの中火で5分
ほど煮る。

2 里いもを加えて落としぶたを
し、15〜20分煮る。

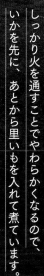Point

いかは足先を取り除き、
足の側面の吸盤を取り除
いておくと、口あたりが
よくなります。

ぶり大根

アラは手に入りにくいので、腹身で作っていましたが、やっぱり少し物足りない。そこで、脂がのったかまの部分を加えてみたら、理想のおいしさになりました。

材料（2人分）

ぶり（腹側とかま）… 2〜3切れ（300g）
　⇒腹身は半分に切る。かまは3等分に切る。

大根…½ 本（600g）
　⇒3cm厚さの輪切りにし、皮をむいて半分に切る。

しょうが…1かけ　⇒薄切り

A 水…2カップ
　酒、みりん、しょうゆ…各大さじ2½
　砂糖…大さじ1

作り方

1 鍋に大根とかぶるくらいの水を入れ、ふたをして煮立てる。弱火で大根に竹串がやっと通るまで10〜15分ゆでる。

2 別鍋（またはフライパン）にAを入れて煮立て、ぶりとしょうがを入れる。再び煮立ったらアクを取り、落としぶたをして中火で5分ほど煮る。

3 **1**の大根を煮汁にしっかりつかるように加え、落としぶたをしてさらに弱めの中火で30〜40分煮る。

ぶりの照り焼き

養殖ものも出回り、ほぼ一年中、ぶりを見かけるようになりました。照り焼きは漬けて焼くだけの簡単料理。我が家の定番です。

材料（2人分）

ぶり（背側）…2切れ（200g）
A ⇒混ぜ合わせる
　│ 酒、みりん、しょうゆ
　│ …各大さじ1½
　└
砂糖…大さじ½
大根…適量　⇒すりおろす
■ サラダ油

作り方

1　ぶりは途中で一度返しながら、**A**に20分ほど漬ける。

2　フライパンにサラダ油小さじ1を熱し、ぶりを器に盛りつけるときに表になる側を下にして入れ、弱めの中火で2分ほど焼く。きれいな焼き色がついたら返し、2分ほど焼く。

3　**1**の漬けだれと砂糖を**2**に加える。フライパンを揺すりながら3分ほど焼き、両面にたれをからませる。器に盛り、たれが多いようなら大さじ2〜3になるまで煮つめてかけ、大根おろしを添える。

Point

盛りつけたときに表になる側（皮目が見える側）を下にして焼くほうが焼き色が美しく、盛りつけたときの見た目がよくなります。

材料（2人分）

いわし…2尾（300g）　⇒手開きにし、腹骨をすき取る

しょうが…½かけ　⇒すりおろす

A 酒、みりん、しょうゆ…各大さじ1
│ 砂糖…大さじ½

小麦粉…適量

■ サラダ油

作り方

1 いわしは皮目に小麦粉を薄くまぶす。フライパンにサラダ油大さじ½を熱し、いわしを小麦粉をつけた面から焼く。きれいな焼き色がついたら返し、しょうが、**A**の順に入れる。

2 煮汁が半量ほどになったら再び返し、つやが出て煮汁が大さじ1～2になるまで煮つめる。

いわしのかば焼き

脂ののったいわしで作ると、ふっくらとしてうなぎのかば焼き?と思うほど。ごはんに合うので、どんぶり仕立てにしても。

いわしのしょうが煮

我が家では、いわしはしょうが煮にすることが多いです。さらに梅干しを加えて煮ることもあり、作っておくと常備菜としても重宝します。

材料（2人分）

いわし…4〜5尾分（400g）
　⇒三枚おろしにし、腹骨をそぎ取る
しょうが…2かけ
　⇒せん切り
A 酒…大さじ3
　みりん…大さじ1
B 水…⅓カップ
　砂糖…大さじ½
　しょうゆ…大さじ1

作り方

1 フライパンに**A**を入れて煮立て、アルコール分をとばす。**B**を加え、煮立ったらいわしの皮目を上にして入れる。再び煮立ったら煮汁を回しかけ、しょうがを散らす。落としぶたをし、3分ほど煮る。

2 最後に煮汁を魚にかけながら、ひと煮する（もし煮汁が多い場合は、少なくなるまで煮つめる）。

Point

煮汁を加えて再び煮立ったら、煮汁を魚の表面にかけます。こうすると落としぶたをしたときに皮がふたにつきにくくなります。

さけのムニエル

粉をふってバター焼きするだけのシンプルな料理ですが、昔からのフランス料理の王道です。つけ合わせは、粉ふきいもというのが定番でした。

材料（2人分）

生ざけ…2切れ（240g）
⇒両面に塩小さじ⅓をふり、10分ほどおく。出てきた水けをふき取り、こしょう少々をふる

バター…大さじ1

小麦粉…適量

つけ合わせ

じゃがいも…1個（150g）
⇒ひと口大に切って、塩少々を加えた湯でやわらかくゆでる。湯を捨て、弱火で粉ふきにして、塩、こしょう各少々をふる

レモン（くし形切り）…2切れ

作り方

1 さけに茶こしで小麦粉を薄くまぶし、余分な粉を落とす。

2 フライパンにバターを熱し、さけを盛りつけるときに表になる側を下にして入れ、2分ほど焼く。きれいな焼き色がついたら返し、2分ほど焼く。器に盛り、つけ合わせを添える。

手間はかかりますが、手作りのものは本当においしい！ホワイトソースであえたら、保冷剤で冷やすと時間が短縮できます。

かにクリームコロッケ

材料（8個分）

かにの身…100g　⇒ほぐす
玉ねぎ…小1個（150g）
　⇒みじん切り
白ワイン…大さじ1
ホワイトソース
　バター…大さじ2
　小麦粉…大さじ4
　牛乳…1½カップ
衣
　小麦粉…適量
　溶き卵…1個分
　パン粉（ごく細）…適量
サラダ菜…適量
■ サラダ油・塩・こしょう
　・揚げ油

作り方

1 フライパンにサラダ油大さじ1を熱し、玉ねぎを炒めて、かにを加えて炒める。白ワインをふり、アルコール分をとばす。

2 ホワイトソースを作る。厚手の鍋にバターを弱火で溶かし、小麦粉を加えて炒める。フツフツと沸いてきたら火を止め、牛乳を一度に加えてよく混ぜる。再び中火にかけ、木べらを鍋底から離さずにかき混ぜ、煮立ったら塩小さじ⅓、こしょう少々で調味する。

3 **1**を加えてひと煮し、バットに移す。表面にラップをのせ、保冷剤で粗熱を取って、冷蔵庫で1時間ほど冷やし固める。

4 8等分にし、俵形にまとめて衣の材料を順につける。

5 フライパンに揚げ油を1〜2cm深さに入れて160℃に熱し、**4**の半量を入れて、3分ほど揚げる。残りも同様に揚げ、サラダ菜を添えて器に盛る。

ホワイトソースの表面を平らにしたら、ラップをかけて乾燥を防ぎ、保冷剤ではさんで冷やします。こうすると冷やす時間を短縮できます。

フライの両雄です。片やおしゃれな洋食屋、片や庶民的な定食屋の人気メニュー。タルタルソースがあると盛り上がります。

えびフライ

材料（2人分）

殻つきえび…6本（200g）

　⇒尾を残して殻をむき、竹串で背わたを抜き取る。腹側に
　　切り込みを浅く4〜5本入れてまっすぐにし、尾を包丁で
　　しごいて水分を取り除く。塩、こしょう各少々をふる

衣
　｜ 小麦粉…適量
　｜ 溶き卵…1個分
　｜ パン粉…適量

タルタルソース（作りやすい分量）　⇒混ぜ合わせる
　｜ 玉ねぎ（みじん切り）…大さじ2（20g）
　｜ パセリ（みじん切り）…小さじ1
　｜ ゆで卵…1個　⇒みじん切り
　｜ マヨネーズ…大さじ4
　｜ 塩、こしょう…各少々

■ 揚げ油

作り方

1　えびに衣の材料を順につける。

2　170℃の揚げ油適量に**1**を入れ、3分ほど揚げる。
　器に盛り、タルタルソースを添える。

あじフライ

材料（2人分）

あじ（背開き）…4枚（200g）

　⇒塩小さじ⅓をふって5分ほどおく。
　　出てきた水けをふき取り、こしょう少々をふる

衣
　｜ 小麦粉…適量
　｜ 溶き卵…1個分
　｜ パン粉…適量

キャベツ…適量　⇒せん切り
とんかつソース…適量

■ 揚げ油

作り方

1　あじに衣の材料を順につける。

2　170℃の揚げ油適量に**1**を皮目から入れて
　2分揚げ、返して2分揚げる。器に盛り、
　キャベツを添えてソースをかける。

油が貴重だった時代、かき揚げはハレの日のごちそうでした。卵を加えた衣で、ふんわりと揚げます。

材料（6個分）

むきえび…150g
　⇒背わたを取り、
　　大きいものは
　　半分に切る
みつば…1束（60g）
　⇒2cm長さに切る
衣
　｜溶き卵…½個分
　｜水…適量
　└小麦粉…½カップ
小麦粉…大さじ1
■揚げ油・
　塩または天つゆ

作り方

1 衣を作る。計量カップに溶き卵を入れ、水を½カップまで加えて混ぜる。ボウルに移し、小麦粉を加え、菜箸で軽く混ぜる。

2 別のボウルにえび、みつばを入れ、小麦粉をふってまぶし、**1**を加えて混ぜる。

3 フライパンに揚げ油を1〜2cm深さに入れ、160℃に熱する。スプーンで**2**の⅙量をすくって3つ入れ、固まったら返す。衣に菜箸を刺して中まで火を通し、3分ほど揚げる。残りも同様に揚げ、器に盛って、好みで塩または天つゆ適量でいただく。

Point

衣が固まるまでは触らず、固まったら返してください。菜箸で刺して火を通すと、カリッと揚がります。

えびのチリソース煮

家でも作り、中華料理店でもよく頼んだ料理です。昔は殻つきえびを使い、えびみそを加えていました。

材料（2〜3人分）

むきえび…200g
　⇒背わたを取り、酒小さじ1、塩少々をまぶす

A ┌ しょうが…½かけ　⇒みじん切り
　└ にんにく…½かけ　⇒みじん切り

長ねぎ…3cm長さ　⇒みじん切り

豆板醤…小さじ½

B ⇒混ぜ合わせる
　┌ トマトケチャップ…大さじ3
　│ しょうゆ…大さじ½
　│ 酒…大さじ1
　│ 砂糖…大さじ⅔
　│ 水…½カップ
　│ 片栗粉…小さじ1
　└ こしょう…少々

片栗粉…小さじ2

■ サラダ油

作り方

1 えびに片栗粉をまぶす。フライパンにサラダ油大さじ½を熱し、えびを8割くらい色が変わるまで炒めて取り出す。

2 フライパンをきれいにしてサラダ油大さじ1を熱し、Aを弱めの中火で炒める。香りが出たら豆板醤を加えて辛みを立て、Bを加えて混ぜる。

3 煮立って薄くとろみがついたら強めの中火にし、1を戻し入れる。最後に長ねぎを加え、ひと煮する。

豆あじは10cm長さほどのあじを指します。粉をつけ、油でじっくりと、頭も骨も食べられるくらいカラッと揚げることがコツです。

豆あじの南蛮漬け

材料（2人分）

豆あじ…10〜12尾（200g）
　⇒えらぶたの下に三角の切り込みを
　　入れ、えらとはらわたを取る。
　　冷水で洗い、水けをふく

玉ねぎ…小⅙個（30g）
　⇒縦薄切り

にんじん…⅙本（25g）
　⇒5mm幅の短冊切り

南蛮酢
　酒、みりん…各大さじ2
　水…½カップ
　しょうゆ、酢…各大さじ2
　砂糖…大さじ½
　赤唐辛子…1本
　　⇒種を取り、小口切り

小麦粉…適量

■ 揚げ油

作り方

1 南蛮酢を作る。小さい耐熱容器に酒、みりんを入れ、ラップをかけずに電子レンジで1分加熱してアルコール分をとばす。残りの材料を加え、バットに移す。

2 豆あじにごく薄く小麦粉をまぶす。170℃の揚げ油適量に入れ、ゆっくりと8〜10分揚げる。

3 すぐに**1**にひたし、玉ねぎとにんじんを加えて味をなじませる。

Point

えらぶたの下に三角の切り込みを入れ、包丁の先を三角部分にひっかけて引っ張ると、内臓がスルッと取れます。

卵・豆腐

茶碗蒸し

食卓へのぼることが少なくなってきている料理のひとつかもしれません。
昔は蒸し器で作っていましたが、
今は鍋やフライパンで気楽に作れます。

材料（2人分）

卵…2個

A ⇒混ぜ合わせる
　┌ 水…1カップ
　│ 酒…小さじ1
　│ しょうゆ…小さじ½
　└ 塩…小さじ¼

鶏むね肉…30g
　⇒半分に切ってそぎ切りにし、
　　酒小さじ½、しょうゆ少々をまぶす

むきえび…2尾
　⇒背わたを取って洗い、酒小さじ½、
　　塩少々をまぶす

しいたけ…2枚（40g）⇒4等分に切る

ぎんなん…4個
　⇒殻から出し、少なめの熱湯に入れて
　　お玉で押し転がしながら薄皮を取る

かまぼこ…5mm厚さ2枚

みつば…2本　⇒2〜3cm長さに切る

作り方

1 ボウルに卵を割り入れてよく溶きほぐし、Aを加えて混ぜる。ざるで漉す。

2 器にみつば以外の具材を入れて、1を静かに注ぎ、アルミ箔でふたをする。

3 鍋に水を1cm深さに入れ、沸騰させる。火を止め、4つ折りにしたペーパータオルを敷いて、2を入れる。鍋のふたをし、中火にかける。煮立ってから2分ほどしたら弱火にし、10〜12分蒸す。

4 表面が少々膨らみ、竹串を刺して澄んだ汁が出たらでき上がり。最後にみつばをのせる。

厚焼き卵

関東の典型的な卵焼きです。
甘辛い味つけにし、表面に香ばしい
焼き目がつくように焼きます。

だし巻き卵

こちらは関西の卵焼き。
卵の中にだしをたっぷり含ませ、
焼き色がつかないように焼きます。

だし巻き卵

材料（2人分）

卵…3個

⇒白身を切るように溶きほぐし、だし汁½カップ、
酒大さじ1、砂糖大さじ½、しょうゆ小さじ½、
塩少々を混ぜる

■ サラダ油・大根おろし・しょうゆ

厚焼き卵

材料（2人分）

卵…4個

⇒白身を切るように溶きほぐし、酒大さじ1、
砂糖大さじ1½、しょうゆ小さじ1、
塩少々を加えて混ぜる

■ サラダ油

作り方（だし巻き卵・厚焼き卵に共通）

1 卵焼き器を弱火にかけて充分に
熱し、サラダ油適量を入れて全
体にまわす。たたんだペーパー
タオルでふき、油をなじませる。

2 卵液をもう一度混ぜ、お玉1杯
を流し入れる。全体に広げ、膨
らんだ部分を箸で突いて空気を
逃がし、向こう側から手前に巻
き込む。

3 卵焼きを向こう側にすべらせ、
あいた部分に油を薄く塗る。同
様に卵液を流し入れ、巻いた卵
の下にも流し込み（a）。向こう
側から手前に巻く（b）。卵液が
なくなるまで繰り返す。

4 卵焼き器の手前に卵焼きを軽く
押しつけて形を整える。切り分
け、器に盛る。好みで大根おろ
しなどを添える。

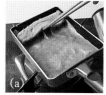
(a)

(b)

オムレツ

ひき肉と玉ねぎの炒めものが具の「おかずオムレツ」。今でこそふわとろオムレツばやりですが、"お袋の味"は卵がちょっとかためでした。

材料（2人分）

卵…4個
　⇒ボウルに2個ずつ割りほぐし、塩、こしょう各少々を混ぜる
合いびき肉…100g
玉ねぎ…½個（100g）
　⇒5mm角に切る
A 酒、しょうゆ…各大さじ1
　砂糖…大さじ½
パセリ…適量
バター…小さじ2
■ サラダ油

作り方

1 フライパンにサラダ油大さじ½を熱して玉ねぎを炒め、合いびき肉を加えて炒める。**A**を加え、汁けがなくなるまで炒めて取り出す。

2 1人分ずつ作る。フライパン（直径20cm）にサラダ油小さじ1を熱し、バター小さじ1を加える。卵液半量を流し入れ、大きく混ぜる。

3 半熟状になったら**1**の半量をのせ、両側から包むように卵を中央に寄せる。フライパンの端に寄せて皿にひっくり返しながら盛り、パセリを添える。残りも同様に作る。

Point

盛りつけるときは、フライパンをひっくり返すようにして皿で受け止めます。そのあとペーパータオルなどで形を整えるときれいになります。

ふわっとした卵と甘酢あんの組み合わせは、実に絶妙です。かにのむき身でも、冷凍ものでも、かにかまでも、おいしく作れます。

かに玉

材料（2人分）

卵…4個
　⇒割りほぐし、塩少々を混ぜる

かにの身…100g　⇒大きくほぐす

干ししいたけ…3枚（15g）
　⇒水1カップにつけてもどし、薄切りにする

長ねぎ…1本　⇒斜め薄切り

ゆでたけのこ…80g　⇒せん切り

グリーンピース（冷凍）…大さじ1
　⇒解凍する

A ⇒混ぜ合わせる
　┌ 酒、しょうゆ…各小さじ1
　└ こしょう…少々

B ⇒混ぜ合わせる
　┌ 干ししいたけのもどし汁…½カップ
　│ 砂糖、しょうゆ、酢…各大さじ1
　└ 片栗粉…小さじ2

■ サラダ油

作り方

1 フライパンにサラダ油大さじ1を熱し、しいたけを炒め、長ねぎ、たけのこを加えて炒める。かにの身を加えてさっと炒め、Aで調味する。

2 卵液に1を加えて混ぜる。

3 フライパンをきれいにし、サラダ油大さじ2を熱する。2を流し入れて大きく混ぜ、しばらくおく。底が固まってきたらへらで4等分にし、返して焼き上げ、器に盛る。

4 フライパンをきれいにし、Bを入れて混ぜながらとろみをつける。最後にグリーンピースを加えてひと煮し、3にかける。

Point

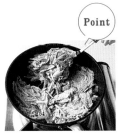

大きいまま返せない場合は、4つに分けて返すと、失敗しません。

材料（2人分）

卵…2個
　⇒塩少々を加えて溶きほぐす
にら…1束（100g）
　⇒5cm長さに切る
酒…小さじ1
■ サラダ油・塩・こしょう

作り方

1 フライパンにサラダ油大さじ½を熱し、にらを強めの中火で炒める。鍋肌から酒をふり、塩、こしょう各少々で調味する。端に寄せる。

2 あいている部分にサラダ油大さじ1½を足し、卵液を流し入れて大きくかき混ぜる。半熟状になったら、にらをさっと混ぜ合わせる。

にら玉炒め

いつから食べていたかも思い出せないくらい、身近にありました。何でもないけれど、ごはんに合い、栄養も摂れて、フライパンひとつでできる！理想的な万能おかずです。

マーボー豆腐

よく作られているおかずだと思います。我が家でも人気です。
孫が来たときは、ここに細かく切ったえのきやにらを入れて、
野菜も同時に摂れるようにしています。

材料（2〜3人分）

絹ごし豆腐…1丁（300g）
　⇒2cm角に切る
豚ひき肉…100g
にんにく…1かけ　　⇒みじん切り
長ねぎ…⅓本（30g）　⇒みじん切り
豆板醤…小さじ½
みそ…大さじ1½
A 酒、砂糖、しょうゆ…各大さじ1
　こしょう…少々
水溶き片栗粉　⇒混ぜ合わせる
　片栗粉…大さじ1
　水…大さじ2
ごま油…小さじ1
■ 塩・サラダ油

作り方

1 鍋に水4カップと塩小さじ½を入れて沸かし、豆腐を3分ほどゆでる。

2 フライパンにサラダ油大さじ1を弱めの中火で熱し、にんにくを香りが出るまで炒め、豚ひき肉を加えて強めの中火で炒める。

3 透明な脂が出てきたら、中央をあけて豆板醤を加えて香りが出るまで炒め、みそを加えて炒め合わせる。水1カップを加え、ひと煮立ちさせる。

4 1をざるにあけてすぐに3に加え、Aを加えて、中火で1分ほど煮る。長ねぎを加え、水溶き片栗粉をもう一度混ぜて加える。豆腐を崩さないようにゆっくりと混ぜ、1分ほど煮る。とろみがついたら、ごま油を回し入れる。

55

擬製豆腐

ルーツは精進料理です。
経済的な食材ばかりですが、
具がたくさん入ります。
以前はオーブンで焼いていましたが、
卵焼き器のほうが手軽です。

材料（2～3人分）

木綿豆腐…1丁（300g）
　　⇒ざっくりちぎってペーパータオル
　　　2枚重ねに包み、20分ほどおく。

鶏ひき肉…100g

にんじん…⅔本（100g）
　　⇒2cm長さのせん切り

しいたけ…3枚（60g）
　　⇒半分にしてせん切り

絹さや…50g　⇒斜めせん切り

A 酒…小さじ1
　　砂糖…大さじ2
　　しょうゆ…大さじ1½

卵…2個
　　⇒塩ひとつまみを加えて溶きほぐす

大根…適量　⇒すりおろす

■ サラダ油

作り方

1 フライパンにサラダ油大さじ½を熱し、鶏ひき肉を炒める。色が変わったら、にんじんを加えてひと炒めし、しいたけ、絹さやも加えてしんなりするまで炒める。

2 豆腐を加えてほぐしながら炒め、**A**で調味して水分をとばす。ボウルに移し、卵液を加えてよく混ぜる。

3 卵焼き器にサラダ油大さじ1を熱して2を入れ、半熟になるまで木べらでよく混ぜる。表面を平らにしてアルミ箔をかけ、弱めの中火で5分ほど焼く。落としぶたを使って返し、アルミ箔を取って4分ほど焼く。

4 切り分けて器に盛り、大根おろしを添える。

アルミ箔でふたをしたら、平均に焼き色がつくように、ときどきフライパンの底の位置をずらしながら焼きます。

揚げ出し豆腐

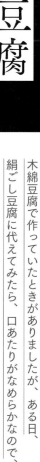

木綿豆腐で作っていたときがありましたが、ある日、
絹ごし豆腐に代えてみたら、口あたりがなめらかなので、
それ以来ずっと絹ごし豆腐です。

材料（2人分）

絹ごし豆腐…1丁（300g）
　　⇒ 4つに切り、ペーパータオルに
　　　包んで30〜40分おく
片栗粉…大さじ3
つゆ
　｜ だし汁…¼カップ
　└ 酒、みりん、しょうゆ…各大さじ½
大根…100g　⇒すりおろす
万能ねぎ…少々　⇒小口切り
■ 揚げ油

作り方

1　つゆを作る。鍋にだし汁を煮立て、
　酒、みりん、しょうゆを加えて、ひ
　と煮する。

2　豆腐のペーパータオルをそっと取り、
　片栗粉をまぶして余分な粉をはたき
　落とす。180℃の揚げ油適量に入れ、
　表面が固まるまで触らずに返し、全
　体で4分揚げる。豆腐が膨らんだら、
　器に盛る。

3　**2**に**1**にかけ、大根おろしと万能ね
　ぎを添える。

昭和ごはんは洋食がトレンド

何かの本で、昭和は家庭に洋食が広まった時代、ということを読んだ覚えがあります。

私が学生だった1960年代、実家は3世代同居で、夕食は祖父母と両親が主に和食、子どもたちは洋食が多く、食卓には、焼き魚とハンバーグ、おひたし、ポテトサラダなど和洋折衷の料理が並んでいました。祖父は私たちが食べているものをうらやましそうに眺め、ついには同じものを食べることもありました。私は子どものころから夕食作りのお手伝いが好きだったうえ、当時通っていた自由学園は中等部になると、中高短大の生徒全員の昼食を作るという食育を行っていたことから、料理に興味を持ちました。卒業後は栄養学校や料理研究家が主宰する教室、ホテルのシェフが教えるプロ向けの教室などへ通い、そのなかでフランス料理と出会って、アシスタントとして働き始めたのが、料理の世界に入るきっかけでした。

20代後半には、母の友人の紹介で、料理教室を始めました。これは今なお続いており、45年以上通い続けてくださる方もいらっしゃいます。

ケータリングを始めたのもそのころです。30代には50人分のケータリングをしたこともありました。その準備は緊張の連続でした。

自由学園時代の恩師、沢崎梅子先生の著書や、母から私へと譲り受けた料理書は、今でも大切に保管しています。

「おいしい料理を作りたい」

当時は高度成長の真っ只中。欧米に追いつけ追い越せと、洋食がマスコミを通して広く紹介されていた時代でもありました。

料理学校に通っている女性たちも多くいました。調理師になるためではなく、一般女性向けの料理学校がそのころはいくつもあり、とても人気でした。今のように外食はもちろん、テイクアウトやデリバリーもあまりなく、新しく、おいしい料理への好奇心には強いものがありました。

若い世代が「お母さんはロールキャベツのような手の込んだ料理をよく作る」とか、「おばあちゃんの短冊切りは、まるで教科書みたい」と感心するのは、そうした時代背景があるからかもしれません。

当時、少ない情報を元に工夫をしながら、専門店並みにもっとおいしくと、手間を惜しまずにグラタンやビーフシチューを作っていた人はたくさんいらしたと思います。

時短の時代へ

今や共稼ぎ世帯が専業主婦世帯の2倍以上の数だそうです。1980年とは立場が完全に逆転しました。それに伴って、料理も「手をかけてもおいしく」から「時短でおいしく」に変わってきました。

振り返ってみると、食卓は時代を映す鏡のようです。好まれる料理も、作り方も変わってきました。でも、そこにはいつも「おいしくて、体によくて」という願いがあったように思います。

「昔ながらのおかず」を見直していると、「簡単と時短」のなかで忘れられてしまったひと手間かけるおいしさ、食材の理にかなった組み合わせ、考えられた栄養のバランスに気づかされます。時にこうした料理に戻ることも、料理の楽しみを広げてくれるようです。

第2章

ほっと落ち着く

汁もの

忙しいときは、ごはんと汁さえあればなんとかなると
いわれてきました。それは今も変わりません。
定番の汁やスープはいずれも滋味豊か。体の栄養ばかりでなく、
心の栄養にもなってくれます。

豚汁

諸説あってルーツ不明ですが、
おいしくて栄養があって、安くてすぐできれば、
人気おかずになるのは当然。
こんにゃくや里いもなど、好みで加えてください。

材料（2人分）

豚肉（こま切れ）…100g
　⇒1～2cm幅に切る
ごぼう…¼本（50g）
　⇒3mm厚さの輪切り
大根…150g
　⇒5mm厚さのいちょう切り
にんじん…⅓本（50g）
　⇒4mm厚さのいちょう切り
長ねぎ…⅓本（30g）　⇒小口切り
みそ…大さじ2
■ごま油

作り方

1 鍋にごま油大さじ1を熱し、豚肉を色が変わるまで炒め、ごぼう、大根、にんじんを加えて2分ほど炒める。

2 しんなりしたら水3カップを加え、アクを取る。ふたをして弱火で10分ほど煮る。

3 みそを煮汁で溶きのばしながら加え、長ねぎを加えて、ひと煮する。

みそは煮上がりに煮汁で溶きながら加え、風味よく仕上げます。

しじみ汁

滋養のあるみそ汁ですが、
土用のしじみは栄養たっぷり。
うなぎ同様、夏バテ防止として
食されてきました。

精進料理のひとつです。
鎌倉の建長寺では、700年も前から
伝えられているそうです。

けんちん汁

材料（2人分）

里いも…1個（80g）

⇒1cm厚さの輪切りにし、大きいものは半月に切る

にんじん…⅓本（50g）

⇒短冊切り

こんにゃく…¼枚（50g）

⇒1cm幅×5mm厚さに切り、水からゆでてざるにあげる

木綿豆腐…½丁（150g）　⇒水きりする

長ねぎ…⅓本（30g）　⇒小口切り

A 酒、しょうゆ…各大さじ1

　　塩…小さじ⅓

■ ごま油

作り方

1 鍋にごま油大さじ½を熱し、里いも、にんじん、こんにゃくを炒める。全体に油がまわったら水2カップを加える。ふたをし、煮立ったら弱めの中火で5分ほど煮る。

2 豆腐をちぎって加え、再び煮立ったら**A**で調味する。最後に長ねぎを加え、ひと煮する。

材料（2人分）

しじみ…1パック（200g）

⇒バットに広げ入れ、水を貝の半分の高さまで
注ぐ。ふたをし、1時間ほどおいて洗う

みそ…大さじ2

作り方

1 鍋に水2カップとしじみを入れて火にかけ、しじみの口が開いたらアクを取る。弱火にし、みそを煮汁で溶きのばしながら加える。

かす汁

寒さが厳しい山間部の料理です。それだけに食べたあとは体が温まることを実感します。

いわしのつみれ汁

いわし100％のつみれは、口あたりも、味も特別。手作りならではの魅力でいっぱいです。

材料（2人分）

いわし…3尾（300g）
　⇒三枚おろしにする
A おろししょうが、みそ…各小さじ1
　├ 片栗粉…大さじ½
長ねぎ…¼本（25g）　⇒縦5mm幅の細切り
B 酒…大さじ1
　├ 塩…小さじ½
　└ しょうゆ…小さじ1

作り方

1 いわしを包丁でたたき切り、Aを加えてさらにたたき混ぜながらすり身状にする。

2 鍋に水2カップを煮立て、1をスプーン2本でラグビーボール状に丸めて落とし入れる。再び煮立ったらアクを取り、3分ほど煮る。いわしに火が通ったらBで味を調え、長ねぎを加えてひと煮する。

材料（2人分）

塩ざけ（甘口）…1〜2切れ（150g）
　⇒ひと口大に切る
大根…150g
　⇒4cm長さ×5mm厚さの短冊切り
にんじん…⅓本（50g）
　⇒大根よりやや薄めの短冊切り
長ねぎ…⅓本（30g）　⇒5cm長さの4つ割り
A 酒粕…50g
　├ みそ…大さじ1½

作り方

1 鍋に水3カップ、大根、にんじんを入れて煮立て、塩ざけを加える。アクを取り、ふたをして5分ほど煮る。

2 ボウルにAを入れ、1の煮汁少々を加えて溶きのばす。

3 1に2を溶き入れ、長ねぎを加えてひと煮する。

すいとん汁

粉もの好きの夫の意見を取り入れながら、このやわらかさになりました。すいとん特有の"芯"がなくなったはずです。

かき玉汁

汁の実がない、献立にタンパク質が足りないときなどに頼れる料理です。卵が"むら雲"状に広がれば上できです。

材料（2人分）

すいとん生地
| 小麦粉…100g
| 水…90㎖
| 塩…ひとつまみ
豚肉（こま切れ）…100g
大根…150g　⇒1㎝厚さのいちょう切り
にんじん…⅓本（50g）　⇒5㎜厚さの半月切り
しいたけ…3枚（75g）　⇒1㎝厚さに切る
長ねぎ…½本（50g）　⇒2㎝長さのぶつ切り
A 酒、しょうゆ、みりん…各大さじ1
| 塩…小さじ½
■七味唐辛子

作り方

1 すいとん生地を作る。ボウルに小麦粉と水、塩を入れ、菜箸でよく混ぜる。

2 鍋に水3カップ、大根、にんじんを入れ、ふたをして火にかける。煮立ったら、水でぬらしたスプーンで1を落とし入れ、ふたをして弱火で10分ほど煮る。

3 中火にして豚肉を加え、アクを取る。しいたけを加えてひと煮し、Aで調味して、長ねぎを加え、2分ほど煮る。器に盛り、好みで七味唐辛子をふる。

材料（2人分）

卵…1個　⇒溶きほぐす
みつば…¼束（15g）　⇒2～3㎝長さに切る
だし汁…2カップ
A 酒…大さじ1
| しょうゆ、塩…各小さじ½
水溶き片栗粉　⇒混ぜ合わせる
| 片栗粉…大さじ½
| 水…大さじ1

作り方

1 鍋にだし汁を煮立て、Aで調味する。再び煮立ったら水溶き片栗粉を加えてとろみをつける。

2 弱火にし、静かに煮立っているところへ溶き卵を細く回し入れ、浮き上がってきたら下から大きくひと混ぜする。器に盛り、みつばをのせる。

コーンスープ

子どものころから親しんでいたスープです。
当時から作り方は同じ。
海外から来た
スープだと思っていましたが、
日本のオリジナルだそうです。

ミネストローネ

「具だくさんスープ」の意なので、
具材はなんでもよいですが、
味や栄養のバランスを考えて、
今、うちはここに落ち着いています。

材料（2人分）

クリームコーン缶…大½缶（200g）
牛乳…1カップ
ブールマニエ
  ┌ バター…大さじ½　⇒やわらかくする
  └ 小麦粉…大さじ½
食パン（サンドイッチ用）…½枚
  ⇒5mm角に切り、トーストしてクルトンを作る
■ 塩・こしょう

作り方

1　ブールマニエを作る。バターに小麦粉を加えて
練り混ぜる。

2　鍋にクリームコーン缶と牛乳を混ぜ合わせ、弱
めの中火にかける。底からよく混ぜ、煮立った
らブールマニエを少しずつ加えて煮立て、塩ひ
とつまみ、こしょう少々で調味する。器に注ぎ
入れ、クルトンをのせる。

材料（2〜3人分）

にんじん…½本（75g）　⇒5mm厚さのいちょう切り
玉ねぎ…½個（100g）　⇒1cm角に切る
じゃがいも…1個（150g）　⇒1cm角に切る
トマト…2個（300g）　⇒1cm角に切る
いんげん…50g　⇒1cm長さに切る
ベーコン…2枚（30g）　⇒1cm角に切る
■ オリーブ油・塩・こしょう

作り方

1　鍋にオリーブ油大さじ1を熱し、にんじん、玉
ねぎ、じゃがいも、ベーコンを入れて、弱めの
中火で2分ほど炒める。

2　水1カップを加え、煮立ったらトマトを加える。
アクを取り、ふたをして、弱めの中火でさらに
3分煮込む。

3　いんげんを加えて、塩小さじ½、こしょう少々
で調味し、ふたをして4分ほど煮る。

第3章

満足度の高い

ごはん・麺

毎日の食事のなかでも、グッとテンションが上がるのが、
ごはんものやパスタのとき。子ども心に、
ワクワク感が生まれたものです。日常のなかの小さなマジック、
それがごはん・麺ものの魅力です。

かやくごはん

関東では五目ごはんと呼ばれる、炊き込みごはんの代表です。以前よりもしょうゆの量を減らしたら、素材の色も味も引き立ってきました。

材料（4人分）

米…2合
⇒炊飯器に入れ、水360mℓを加えて30分浸水させる

A 酒…大さじ2
しょうゆ…大さじ½
塩…小さじ⅔

鶏もも肉…小1枚（100g）
⇒1.5cm角に切り、酒、しょうゆ各小さじ1をまぶす

ごぼう…¼本（50g）
⇒ささがきにし、水に5分さらしてざるにあげる

しいたけ…3枚（60g）
⇒半分に切り、薄切りにする

にんじん…⅓本（50g）
⇒3cm長さの細切り

作り方

1 米に**A**を加えて混ぜ、鶏肉、ごぼう、しいたけ、にんじんの順にのせ、混ぜずに炊く。

2 炊き上がったら蒸らし、さっくりと混ぜる。

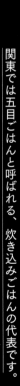

焼きおにぎり

ごはんがこびりつかず、作りやすいので、フッ素樹脂加工のフライパンで焼いています。

わかめごはん

食物繊維摂取のために学校給食で出したところ大人気で、家庭で作る家も増えたといいます。

材料（4個分）

ごはん（温かいもの）… 400g
しょうゆ…適量
■ 塩・漬けもの

作り方

1 ごはん¼量を茶碗に入れる。

2 手のひら全体を水でぬらし、塩少々をつける。1を手のひらにのせ、両手で三角ににぎる。

3 フライパンに油をひかずに置き、弱めの中火で押すように焼く。焼き色がついたら返し、全体で12分ほど焼く。

4 表面がカリッとしたら、両面にしょうゆを少しずつをぬりながら1分ほど焼く。器に盛り、好みで漬けもの適量を添える。

材料（4人分）

ごはん（温かいもの）… 2合分
わかめ（塩蔵）… 20g
　⇒塩を洗い流し、熱湯にさっと通して冷水にとり、水けをしっかり絞って、みじん切りにする
■ 塩

作り方

1 ごはんに、わかめ、塩小さじ⅓を加え、さっくり混ぜる。

親子丼

育ち盛りの子どもの栄養を支える料理でした。肉はやや少なめにして、卵を生かします。

そぼろ丼

お弁当の定番です。これさえあればごはんが食べられるので、忙しいときには特に助かります。

材料（2人分）

鶏もも肉…1枚（150g）　⇒2cm大のそぎ切り
玉ねぎ…½個（100g）　⇒横1cm幅に切る
みつば…¼束（15g）　⇒2～3cm長さに切る
卵…3個　⇒溶きほぐす
A　水…½カップ
　｜酒、みりん…各大さじ2
　｜しょうゆ…大さじ1
　｜砂糖…大さじ½
　｜塩…小さじ⅓
ごはん（温かいもの）…400g

作り方

1 フライパンにAを煮立て、玉ねぎを入れて2～3分煮る。しんなりしたら鶏肉を加え、さらに2～3分煮る。

2 弱めの中火にし、溶き卵を回し入れる。均一に火が通るように菜箸で数か所ゆっくり混ぜ、ふたをする。好みの半熟状態になったら、みつばを散らし、火を止める。

3 器にごはんを盛り、2をのせる。

材料（2人分）

鶏ひき肉…100g
A　酒、しょうゆ、砂糖…各大さじ1
卵…2個
B　砂糖…大さじ½
　｜塩…少々
いんげん…50g
ごはん（温かいもの）…400g
■塩

作り方

1 鍋に鶏ひき肉とAを入れ、よく混ぜてから火にかける。菜箸3～4本でそぼろ状になり、出てきた水分がなくなるまで炒りつける。

2 フライパンに卵を割りほぐし、Bを加えてよく混ぜる。弱火にかけ、菜箸3～4本でかき混ぜながら、そぼろ状の炒り卵を作る。

3 いんげんは塩少々を加えた熱湯で2分ほどゆでる。流水で冷まし、斜め薄切りにする。

4 器にごはんを盛り、1、2、3をのせる。

材料（2人分）

ごはん（温かいもの）…300g

鶏もも肉…小½枚（100g）
⇒1cm角に切る

玉ねぎ…¼個（50g）　⇒1cm角に切る

マッシュルーム…4個（50g）
⇒5mm厚さに切る

A トマトケチャップ…大さじ3
　塩…小さじ½
　こしょう…少々

卵…4個
⇒ボウルに2個ずつ割り入れ、
塩、こしょう各少々を
それぞれ加えてほぐす

トマトケチャップ…適量

バター…大さじ1

■ サラダ油

作り方

1 フライパンにサラダ油大さじ1を熱し、玉ねぎを炒めて、鶏肉を加えて炒める。マッシュルームも加えて炒め、ごはんを加えてヘラでほぐすように炒める。**A**で調味し、さっくり炒めて全体になじませる。2等分にする。

2 1人分ずつ作る。フライパンにサラダ油大さじ½を熱し、バター大さじ½を加えて、すぐに卵2個分の卵液を流し入れ、全体に広げる。表面が半熟状になったら1を1人分のせ、卵で包む。

3 フライパンの縁に寄せて形を整え、器にひっくり返して盛り、トマトケチャップをかける。残りも同様に作る。

オムライス＋コーンスープはうちの定番献立のひとつで、子どもたちが大好きでした。日本生まれの洋食だそうで、"発祥"を名乗る店がいくつかあります。

オムライス

ちらしずし

材料（4人分）

米…2合
⇒炊飯器に入れ、水360㎖を
　加えて30分浸水させる

合わせ酢　⇒混ぜ合わせる
│ 酢…大さじ3
│ 砂糖…大さじ2
│ 塩…小さじ1⅓

煮もの
│ 干ししいたけ…3枚（15g）
│ 　⇒たっぷりの水でもどし、
│ 　　せん切りにする
│ にんじん…⅓本（50g）
│ 　⇒3㎝長さのせん切り
│ れんこん…　100g
│ 　⇒小さめのいちょう切りにし、
│ 　　水にさっと通す
│ A 水＋干ししいたけのもどし汁
│ 　　…½カップ
│ 　酒、みりん、砂糖…各大さじ1
│ 　しょうゆ…小さじ1
│ 　塩…少々

錦糸卵　⇒混ぜ合わせる
│ 溶き卵…2個分
│ 砂糖…大さじ½
│ 塩…少々
B 水、酒…各大さじ1
│ 塩…少々
むきえび…100g
　⇒背わたを取る
焼きのり…全型½枚
絹さや…20g
　⇒塩ゆでして流水で
　　冷まし、斜めせん切り
甘酢しょうが…適量
■ サラダ油

作り方

1 ごはんを炊く。

2 煮ものを作る。鍋にA、しいたけを入れて落としぶたをし、弱火で5分ほど煮る。にんじん、れんこんを加え、再び落としぶたをして3分ほど煮る。ふたを取り、煮汁がなくなるまで2分ほど煮る。

3 錦糸卵を作る。フライパンにサラダ油を薄くひき、弱めの中火で熱する。卵液⅓量を流し入れて広げ、端が乾いてきたら返す。残り2枚も同様に焼き、3等分に切ってせん切りにする。

4 小鍋にBを入れて弱火で煮立て、えびを入れる。ふたをし、色が変わるまでさっと蒸し煮にする。

5 1のごはんに合わせ酢を混ぜ、温かいうちに2と4を加えてざっと混ぜる。

6 器に盛り、ちぎったのり、3、絹さやの順にのせ、甘酢しょうがを添える。

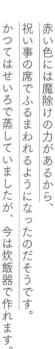

赤い色には魔除けの力があるから、祝い事の席でふるまわれるようになったのだそうです。かつてはせいろで蒸していましたが、今は炊飯器で作れます。

材料（2〜3人分）

もち米…2合
　⇒洗い、ざるにあげて水けをよくきる
あずき…⅓合（60g）
　⇒さっと洗う
黒炒りごま…大さじ½
■ 塩

作り方

1 鍋に水1カップとあずきを入れ、ふたをして弱火にかける。豆のしわが伸びきらないくらいかために10〜15分ゆで、ざるを通して、あずきとゆで汁に分ける。

2 炊飯器にもち米を入れ、**1**のゆで汁と水を合わせて360mlにして加え、30分浸水させる。塩小さじ½を加えて混ぜ、**1**のあずきをのせて炊く。

3 小さめのフライパンに黒ごまを入れ、弱火で混ぜながら炒る。香りが出てきたら塩少々を加え、さっと炒る。

4 **2**の赤飯を器に盛り、**3**をふる。

ピラフ

材料（2～3人分）

米… 2合
　　⇒洗ってざるにあげ、
　　　そのまま30分おく

むきえび… 150g
　　⇒背わたを取り、2～3cm幅に切る

マッシュルーム… 100g
　　⇒5mm幅の薄切り

玉ねぎ… ½個（100g）　⇒粗みじん切り

パセリ（みじん切り）… 大さじ2

白ワイン… 大さじ1

バター… 大さじ1½

■ サラダ油・塩・こしょう

作り方

1 フライパンにサラダ油大さじ½を熱し、えびとマッシュルームを炒め、白ワインをふってアルコール分をとばす。ざるにあげ、残った汁は取っておく。

2 厚手の鍋にバターを熱し、玉ねぎをしんなりするまで炒める。米を加え、弱火にして透き通ってくるまで炒める。

3 **1**の汁と水を合わせて360mℓにし、**2**に注ぐ。塩小さじ1、こしょう少々を加えてひと混ぜし、ふたをする。沸騰したら弱火にし、10分ほど炊く。

4 **1**のえびとマッシュルームを**3**に加え、再びふたをして10分ほど蒸らす。最後にパセリのみじん切りを加えて混ぜる。

Point
米にバターがなじみ、透き通ってパラパラな感じになり、鍋底に貼りつくようになるまで炒めます。

簡単にバターを加えて炊き込む作り方もありますが、ひと手間かけて、お米を透き通るまで炒めて炊くピラフは、食感も香ばしさも別格です。

最近は煮る時間を短くし、お肉そのものを
味わうようにしています。イタリア料理と思っていたのですが、
移民が広めたアメリカ料理だそうです。

スパゲッティミートソース

材料（2人分／ソースのでき上がり量500g）

合いびき肉…150g

A にんじん…⅓本（50g） ⇒みじん切り
　玉ねぎ…¼個（50g） ⇒みじん切り
　セロリ…⅕本（30g） ⇒みじん切り

にんにく…½かけ ⇒みじん切り

トマト缶（カットタイプ）…1缶（400g）

ローリエ…½枚

小麦粉…大さじ½

B 塩…小さじ1
　こしょう…少々
　砂糖…小さじ1½

スパゲッティ(1.6mm太さ)…160g

■ オリーブ油・塩

作り方

1 フライパンにオリーブ油大さじ1を熱し、**A**を炒める。薄く色づいたら合いびき肉を入れ、ほぐすように炒める。真ん中をあけ、にんにくを加えて香りが出るまで炒める。

2 小麦粉をふり入れて粉っぽさがなくなるまで炒め、トマト缶を加えて混ぜる。ローリエを加え、ふたをして、ときどき混ぜながら5分ほど煮る。**B**で調味する。

3 鍋に湯1.5ℓを沸かし、塩大さじ½を加え、スパゲッティを袋の表示どおりにゆでる。器に盛り、**2**のソースをかける。

スパゲッティ
ナポリタン

GHQ占領下の横浜生まれ、
喫茶店育ちの名品パスタ。
生のトマトを加えると軽やかです。

チャーハン

仕上げに鍋肌からしょうゆを
ジュッと加え、香ばしさを立てます。
家庭の味はどこか焼きめし風でした。

材料（2人分）

ごはん（温かいもの）… 400g

長ねぎ…小1本（80g）　⇒小口切り

卵…1個
　　⇒割りほぐし、塩、
　　こしょう各少々で調味する

ハム（薄切り）… 4枚（60g）　⇒1cm四方に切る

しょうゆ…大さじ½

■ サラダ油・塩・こしょう

作り方

1 フライパンにサラダ油大さじ½を熱し、卵液
を流し入れる。大きくかき混ぜてやわらかめの
炒り卵にし、取り出す。

2 フライパンにサラダ油大さじ1を足し、長ねぎ
を炒め、ハムを加えて炒める。ごはんも加え、
強火であおるように炒めたら、1を戻し入れ、
塩小さじ½、こしょう少々で調味する。最後
に鍋肌からしょうゆを回し入れ、ごはんがパラ
パラになるまで炒める。

材料（2人分）

スパゲッティ(1.6mm太さ)… 160g

玉ねぎ…½個（100g）　⇒縦5mm幅の薄切り

ピーマン…1個（40g）
　　⇒縦半分にして、横5mm幅に切る

ソーセージ… 4本（60g）　⇒斜め5mm幅に切る

A ⇒混ぜ合わせる
　┌ トマトケチャップ…½カップ
　└ トマト…1個（150g）　⇒1cm角に切る

粉チーズ…適量

■ オリーブ油・塩・こしょう

作り方

1 鍋に湯1.5ℓを沸かし、塩大さじ½を加え、ス
パゲッティを袋の表示どおりにゆでる。

2 フライパンにオリーブ油大さじ1を熱して、玉
ねぎ、ピーマンをしんなりするまで炒め、ソー
セージを加えてさっと炒める。

3 2に、1のスパゲッティとAを加え、からめる
ように炒め合わせて、塩、こしょう各少々で味
を調える。器に盛り、粉チーズをふる。

第4章

食卓にあるとうれしい

副菜

体にいい食材をどうやっておいしく食べるか。
副菜には、その命題に向き合ってきた先人たちの知恵が
込められています。だからこそ、食卓の脇役にとどまらず、
おつまみにもなるおかずが多いのです。

サラダ

ポテトサラダ

居酒屋の定番メニューにまでなった
ポテサラですが、もともとは
じゃがいもをマヨネーズであえた
ロシア風サラダでした。
我が家ではゆで卵入りが定番化しています。

材料（2人分）

じゃがいも…2個（300g）
　⇒3㎝大に切る
にんじん…⅕本（30g）
　⇒3㎜厚さのいちょう切り
きゅうり…½本（50g）
　⇒小口切りにし、塩少々をまぶして
　　5分ほどおき、水けを絞る
玉ねぎ…¼個（50g）
　⇒縦薄切りにして、冷水に1〜2分
　　さらし、2〜3回もんで水けを絞る
ゆで卵…1個　⇒1.5㎝大に切る
A レモン汁…小さじ1
　　塩、こしょう…各少々
マヨネーズ…大さじ4
■ 塩・こしょう

作り方

1 鍋にじゃがいも、にんじん、ひ
たひたの水を入れ、ふたをして
煮立てる。弱めの中火にし、竹
串がスーッと通るまで10分ほ
どゆでる。

2 1の湯を捨て、鍋を火にかけて、
揺すりながら水分をとばし、粉
ふきにする。ボウルに移し、じ
ゃがいもを粗くつぶし、**A**をふ
ってさっと混ぜ、粗熱を取る。

3 きゅうり、玉ねぎ、ゆで卵を加
え、マヨネーズであえる。味を
みて、塩、こしょう各少々で調
える。

じゃがいもをつぶすときは、フ
ォークを使うのが便利です。

76

マカロニサラダ

具材はポテトサラダとほぼ同じですが、発祥はアメリカだそう。からしを加え、味を引きしめます。

大根とほたてのサラダ

"ザ・昭和" のサラダです。大根の繊維を断つように切るとやわらかく、ほたてとの相性もよくなります。

マカロニサラダ

材料（2人分）

マカロニ…100g

きゅうり… 1本（100g）
⇒小口切りにし、塩少々をまぶして5分ほどおき、水けを絞る

玉ねぎ…小½個（80g）
⇒縦薄切りにし、冷水に5分ほどさらして、水けを絞る

ハム…4枚（60g） ⇒半分にして5mm幅に切る

A マヨネーズ…大さじ4
　練りがらし…小さじ½
　レモン汁…小さじ1
　塩、こしょう…各少々

■ 塩

作り方

1 鍋に1ℓの湯を沸かして塩小さじ1を加え、マカロニを入れて、袋の表示時間より5分ほど長くゆでる。ざるにあげてボウルに移し、乾かないようにラップをする。

2 1の粗熱が取れたら、きゅうり、玉ねぎ、ハム、Aを加えてあえる。

大根とほたてのサラダ

材料（2人分）

大根…⅙本（200g）
⇒薄い輪切りにしてせん切り

ほたて缶…小1缶（70g） ⇒軽く汁けをきる

A マヨネーズ…大さじ2
　レモン汁…小さじ1
　塩、こしょう…各少々

作り方

1 ボウルに大根とほたて缶を入れ、Aを加えてあえる。

子どものころ、マヨネーズは母の手作りでした。久しぶりに作ってみると、なんとおいしいこと！なんでもない野菜がごちそうに変わります。

材料（2人分）

レタス…¼個（80g）
⇒芯をつけたまま2〜4等分のくし形切り

きゅうり…½本（50g）
⇒斜め薄切り

トマト…½個（75g）　⇒くし形切り

ホワイトアスパラガス（缶詰）…4本
⇒長さを2等分に切る

マヨネーズ（作りやすい分量）
卵黄…1個分
塩…小さじ1
こしょう…少々
酢…大さじ1
サラダ油…1カップ

作り方

1 マヨネーズを作る。ボウルに卵黄、塩、こしょうを入れ、酢を加えて溶きのばす。サラダ油を少しずつ入れながら泡立て器でよく混ぜ、なめらかに混ぜ合わせる。

2 器にレタス、きゅうり、トマト、ホワイトアスパラガスを盛り合わせ、**1**を添える。

※マヨネーズは冷蔵で1週間ほど保存可能。

Point

サラダ油は少しずつたらしながら加えて、卵黄に混ぜ込んでいきます。

フルーツサラダ

お誕生会の思い出、給食で一番のお楽しみなど、記憶に深く刻まれている料理です。

春雨サラダ

「涼拌絲（リャンバンスー）」が正式名。春雨の水けをしっかりきることがポイントです。

材料（2人分）

春雨…30g
⇒熱湯に5分ほどつけてもどし、流水でざっと洗って水けをきり、食べやすく切る

ハム…2枚（30g）　⇒半分にして5mm幅に切る

きゅうり…小1本（80g）
⇒3mm幅の斜めせん切り

卵…1個　⇒溶きほぐし、塩少々を加える

A しょうゆ、酢…各大さじ1
　ごま油…大さじ½
　砂糖…小さじ½

■ サラダ油

作り方

1 フライパンにサラダ油を薄くひき、卵液を流し入れて薄焼き卵を焼く。粗熱が取れたら、5cm長さの細切りにする。

2 ボウルにAを混ぜ合わせ、春雨、ハム、きゅうり、1を加えてあえる。

材料（4人分）

バナナ…½本　⇒1cm幅の輪切り

キウイ…½個
⇒4つ割りにして1cm厚さに切る

りんご…¼個（75g）
⇒皮つきのまま縦半分にして1cm厚さに切る

みかん缶…½缶（80g）　⇒汁けをきる

A ヨーグルト…大さじ2
　マヨネーズ…大さじ1½

作り方

1 ボウルにAを混ぜ合わせ、バナナ、キウイ、りんご、みかんをさっとあえる。

ほうれん草の
おひたし

材料（2～3人分）

ほうれん草… 1束（200g）
⇒4～5cm長さに切り、
茎と葉先にざっと分ける

A ⇒混ぜ合わせる
しょうゆ…小さじ2
水…大さじ2

削り節…適量

作り方

1 鍋にたっぷりの湯を強火で沸かし、茎の部
分を入れて、一瞬おいて葉先を加える。ひ
と混ぜし、再び沸騰したら、ざるに広げて
粗熱を取る。

2 **1**の水けを絞り、器に盛る。**A**をかけ、削
り節をのせる。

以前はほうれん草を切らずにゆでていましたが、このごろは
4～5cm長さに切り、茎から時間差でゆでています。
また、水にとらず、おか上げにすると、水っぽくなりません。

木綿豆腐で作る昔ながらのやり方です。
白あえはお祝い事や祭りの日のほか、
にんじんを除いて、
お葬式のときにも作られてきました。

白あえ

材料（2〜3人分）

こんにゃく…¼枚（50g）
⇒1㎝×3㎝の短冊切りにし、
水からゆでてざるにあげる

にんじん…⅓本（50g）
⇒1㎝×3㎝の短冊切り

しいたけ…3枚（60g）　⇒5㎜幅に切る

A 水…¼カップ
酒、みりん、しょうゆ…各小さじ1
砂糖…小さじ½

白あえ衣

木綿豆腐…½丁（150g）
⇒厚みを半分に切り、ペーパータオルに
包んで10分ほどおく

白練りごま…小さじ2

B 砂糖…小さじ2
塩…ひとつまみ
しょうゆ…少々

作り方

1 鍋に**A**を煮立て、こんにゃく、にんじん、しいたけを入れて落としぶたをし、弱めの中火で5分ほど煮る。煮汁があればとばして粗熱を取る。

2 白あえ衣を作る。ボウルに白練りごまと豆腐を入れ、ゴムべらで少しずつ崩しながら混ぜる。**B**を加えて混ぜ合わせる。

3 **2**に**1**を加えてあえる。

Point

練りごまに豆腐を混ぜ込むようにすると、なめらかに混ざります。

市販のすりごまを使ってもよいのですが、炒りごまを再度炒って、自家製すりごまで作ると、ごまの風味がいっそう引き立ちます。

いんげんのごまあえ

材料（2人分）

いんげん…120g
　⇒3㎝長さに切る
白炒りごま…大さじ1
A しょうゆ…大さじ½
　 砂糖…小さじ1
■ 塩

作り方

1　鍋にたっぷりの湯を沸かし、塩少々加える。いんげんを入れて3分ほどゆで、流水で冷まして水けをよくきる。

2　フライパンに白ごまを入れ、弱火にかけて、へらで混ぜながら1分ほど炒る。

3　すり鉢に移し、すりこ木で形が8割ほどくずれるまでする。Aを加えてざっと混ぜ、1を加えてあえる。

Point

食感が楽しめるように、粒の形が少し残るくらいまですりつぶしてから、調味料を加えます。

ブロッコリーの からしあえ

からしあえは砂糖を少し加えると味がまとまります。他には小松菜、菜の花など苦みがある野菜で。

たこのぬた

「ぬた」の語源は、沼田のようにどろりとした感じから。以前はわけぎのぬめりが強く、包丁でしごいてから加えていました。

材料（2人分）

わけぎ… 2本（100g）

⇒2cm長さのぶつ切りにし、茎と葉にざっと分ける

ゆでだこ（刺し身用）… 60g　⇒ひと口大の薄切り

しょうが… 1/2かけ　⇒せん切り

酢みそ

  みそ（信州白みそ）…大さじ1

  練りがらし…小さじ1/2

  酢…大さじ1/2

  砂糖…大さじ2/3

作り方

1 鍋に湯を沸かす。わけぎの茎の部分を入れて1分ほどゆで、青い部分を加えてさらに1分ほどゆでる。ざるにあげて冷まし、水けをよく絞る。

2 酢みそを作る。ボウルにみそと練りがらしを入れて混ぜ、酢でのばして、砂糖を混ぜ合わせる。

3 1とたこ、しょうがを加えてあえる。

材料（2人分）

ブロッコリー…1/3個（100g）

⇒小さめの小房に分け、茎の部分は皮をむいて縦半分に切り、7mm幅の斜め切り

からししょうゆ

  練りがらし…小さじ1/4

  しょうゆ…大さじ1/2

  砂糖…小さじ1/2

  水…大さじ1/2

■ 塩

作り方

1 鍋に湯を沸かして塩少々を加える。ブロッコリーの茎を入れ、一瞬おいてつぼみを加え、2分ほど色よくゆでてざるにあげる。

2 からししょうゆを作る。ボウルに練りがらしを入れ、しょうゆを少しずつ加えながら混ぜて、なめらかにのばし、砂糖、水を加えて混ぜる。

3 2に1を加えてあえる。

きゅうりとわかめの酢のもの

いつの時代も変わらないオーソドックスなあえもの。
最近のきゅうりはアクが少ないので、
塩もみの塩の量を減らし、水洗いの手間を省きます。

材料（2人分）

きゅうり…1本（100g）

⇒2mm幅の小口切りにし、
塩少々をふって5分ほどおき、
しんなりしたら水けを絞る

わかめ（塩蔵）…10g

⇒塩を洗い流し、熱湯にさっと通して
冷水にとり、水けをしっかり絞って、
ひと口大に切る

A
酢…大さじ1
砂糖、しょうゆ…各小さじ1

作り方

1 ボウルに**A**を混ぜ合わせ、きゅうりとわかめを加えてあえる。

紅白なます

なますとは酢のもののことですが、
お正月に作る紅白なますは、
大根とにんじんを紅白の水引に
見立てた縁起ものです。

酢ばす

れんこんの歯ざわりのよさが
好まれるあえもので、
食卓の端になにげにあった
常備菜です。おすしなどにも
利用してきました。

材料（2人分）

大根…¼本（300g）
> ⇒4cm長さの細切りにする。
> ポリ袋に入れ、塩小さじ1（大根の正味量の2％）
> をふってまぶし、10〜20分おく

にんじん…⅓本（50g）
> ⇒大根よりやや細めに切り、塩ひとつまみをまぶす

甘酢 ⇒混ぜ合わせる
| 酢（またはゆず果汁）…大さじ2
| 砂糖…大さじ1½
| 塩…少々

作り方

1 大根とにんじんがしんなりしたら、それぞれ
 水けを絞り、ボウルに入れて合わせる。

2 **1**に甘酢を加えてあえる。

材料（2人分）

れんこん…細いもの1節（150g）
> ⇒3mm厚さの薄い輪切り（太いものは半月切り）
> にし、水でざっと洗う

赤唐辛子…½本 ⇒種を取り除き、小口切り

A 水…⅓カップ
| 酢、酒…各大さじ2
| 砂糖…大さじ1½
| 塩…小さじ⅓

作り方

1 鍋に**A**を煮立てて、れんこん、赤唐辛子を入
 れ、落としぶたをする。煮立ったら、弱めの
 中火で歯ごたえを残す程度に3分ほど煮る。

炒めもの

きんぴら

ごぼうの食感、唐辛子の辛さを
江戸時代の「金平浄瑠璃」の
登場人物、坂田金平の強さに
たとえて名づけられました。

雷こんにゃく

炒めると、ジャーッと
大きな音がします。名前の由来は
この音です。こんにゃくは
ちぎるほうが、味がしみます。

材料（2人分）

ごぼう…⅔本（150g）
⇒5cm長さのせん切りにし、
水に5分ほどさらしてざるにあげる

にんじん…⅓本（50g）
⇒5cm長さに切り、ごぼうと同じ太さのせん切り

赤唐辛子…1本　⇒種を取る

A ⇒混ぜ合わせる
├ 酒、みりん、しょうゆ…各大さじ1
└ 砂糖…小さじ1

■ ごま油

作り方

1 フライパンにごま油大さじ1を熱し、赤唐辛子
とごぼうを入れて、弱めの中火で4分ほど炒め
る。にんじんを加え、さらに2分ほど炒め合わ
せる。

2 Aを加えて調味し、汁けがなくなるまで炒め煮
にする。

材料（2〜3人分）

こんにゃく…1枚（200g）
⇒ひと口大にちぎり、水から煮立て、
1分ゆでてざるにあげる

A 酒、みりん、しょうゆ…各大さじ1
└ 砂糖…大さじ½

七味唐辛子…少々

■ ごま油

作り方

1 フライパンにごま油大さじ½を熱し、こんにゃ
くを入れて、混ぜながらよく炒める。まわりに
焼き色がついてきたら、Aで調味し、ときどき
返しながら煮汁がなくなるまで6分ほど炒める。

2 器に盛り、七味唐辛子をふる。

炒り豆腐

江戸時代後期の料理書
『豆腐百珍』に載っているくらい、
古くからある料理です。経済的で
栄養たっぷり。お母さんたちの
知恵が詰まっています。

なすとピーマンの
みそ炒め

なすのみそ田楽を「しぎ焼き」と
称したことから、なすのみそ炒めは
「鍋しぎ」と呼ばれます。夏の夕食を
思い出させる一品です。

材料（2人分）

木綿豆腐…1丁（300g）
　⇒厚みを半分に切り、ペーパータオルに包んで20分おく

鶏ひき肉…50g

ごぼう…¼本（50g）
　⇒細めのささがきにし、水に5分さらす

にんじん…⅓本（50g）　⇒2cm長さの細切り

長ねぎ…½本（50g）　⇒小口切り

A 酒…大さじ½
　　砂糖…大さじ1
　　しょうゆ…大さじ⅔
　　塩…小さじ⅓

■ サラダ油

作り方

1 フライパンにサラダ油大さじ½を熱し、鶏ひき肉を炒める。色が変わったらごぼうを加えて1分ほど炒め、にんじんと長ねぎを加えて強めの中火にし、しんなりするまで炒め合わせる。

2 豆腐を加えて強火にし、崩しながら炒め合わせる。豆腐の水分がとんだら**A**で調味し、汁けがなくなるまで炒める。

材料（2～3人分）

なす…4個（360g）
　⇒大きめの乱切りにする

ピーマン…2個（80g）
　⇒縦半分に切り、ひと口大の乱切り

赤唐辛子…1本　⇒種を取る

A ⇒混ぜ合わせる
　　みりん、みそ…各大さじ1½
　　砂糖、しょうゆ…各小さじ1

■ ごま油

作り方

1 フライパンにごま油大さじ1½と赤唐辛子を入れ、弱火で香りを出す。なすを皮目から入れ、強めの中火で2分ほど炒める。色が鮮やかになったら返し、2分ほど炒める。

2 ごま油大さじ½を足し、ピーマンを加えて、さらに2分ほど炒める。

3 **A**を回し入れて調味し、汁けがなくなるまで2分ほど炒め煮にする。

煮もの

小松菜の甘みに油揚げのコクを合わせます。煮びたしは煮ものより加熱時間が短く、素材の持ち味を残して味を含ませる煮方です。

小松菜の煮びたし

よく炒めて煮汁をとばし、歯ごたえよく煮上げます。煮ものというよりも炒めものといった感じです。

ひじきの煮もの

材料（2人分）

小松菜…1束（200g）
　⇒4cm長さに切り、
　　茎と葉先にざっと分ける

油揚げ…1枚
　⇒熱湯を通して油抜きし、縦半分にして
　　横2cm幅に切る

A だし汁…½カップ
　└ 酒、みりん、しょうゆ…各大さじ1

作り方

1 鍋に**A**を煮立てて小松菜の茎と油揚げを入れ、落としぶたをして1分ほど煮る。小松菜の葉を加え、落としぶたをしてさらに2分ほど煮る。

材料（2〜3人分）

ひじき（乾燥）…30g
　⇒たっぷりの水を加え、30分
　　かけてもどす。洗ってざるにあげ、
　　ペーパータオルでしっかり水けを取る

油揚げ…1枚
　⇒熱湯を通して油抜きし、縦半分にして
　　横細切りにする

にんじん…⅓本（50g）　⇒3〜4cm長さの細切り

A 酒、みりん、しょうゆ…各大さじ2
　└ 砂糖…大さじ½

■ サラダ油

作り方

1 フライパンにサラダ油大さじ1を熱し、にんじんを中火でさっと炒め、ひじき、油揚げを加えて炒め合わせる。

2 油がまわったら**A**を順に加え、煮汁がほとんどなくなるまで、ときどき混ぜながら炒める。

切り干し大根の煮もの

うちでは自家製の切り干し大根から作ったりもします。独特の風味も甘みも立ち、満足できる味です。

里いもの煮っころがし

以前は里いもをゆでこぼしてから煮ていましたが、直煮にしたほうがねっとりと仕上がることに気づいてからは、ずっとこのやり方です。

材料（2人分）

切り干し大根（乾燥）… 40g
⇒ざっと洗い、水1½カップに10分ほどつけてもどし、水けをしっかり絞る

切り干し大根のもどし汁… 1カップ

油揚げ… 1枚
⇒熱湯を通して油抜きし、縦半分にして横細切りにする

A 酒、みりん、しょうゆ… 各大さじ1½
砂糖… 小さじ1

■ サラダ油

作り方

1 鍋にサラダ油大さじ½を熱し、切り干し大根をほぐしながら油がまわるまで炒める。油揚げを加えてひと炒めし、もどし汁を注ぎ入れる。

2 煮立ったら**A**で調味し、落としぶたをして弱火にし、ときどきかき混ぜながら20分ほど煮る。煮汁が少なくなったらでき上がり。

材料（2～3人分）

里いも… 小8～10個（500g）
⇒皮を厚くむき、大きいものは半分に切る

A 水… 1カップ
酒、みりん、しょうゆ、砂糖
… 各大さじ1½

作り方

1 鍋に里いもを重ならないように入れ、**A**を加えて強めの中火にかける。煮立ったら落としぶたをし、弱めの中火でときどき鍋を揺すりながら、20～30分煮る。

2 里いもがやわらかくなったら落としぶたを取り、火を強めて、煮汁をとばしながら煮からめる。

かぼちゃの甘煮

甘くほっくりとしたかぼちゃは、
食卓に並ぶと心がなごみます。
煮上げてから少しおいておくと、
味がじんわりしみていきます。

さつまいもの甘煮

蜜がしみて透明感が出てくるまで、
コトコトと30分くらい煮ると、
おいしくなります。

材料（2人分）

かぼちゃ…⅙個（350g）　⇒3cm角に切る

A 水…⅔カップ
　酒、みりん…各大さじ1½
　砂糖…大さじ½
　しょうゆ…小さじ1

作り方

1 鍋にAを煮立て、かぼちゃを皮から入れる。
　落としぶたをし、やわらかくなって、煮汁が
　少なくなるまで8分ほど煮る。そのまま味を
　含ませる。

材料（2～3人分）

さつまいも
　…（細いもの）1～2本（250g）
　⇒1.5cm厚さの輪切りにし、水でざっと洗う

A 酒、みりん、砂糖…各大さじ1
　塩…少々

作り方

1 鍋にさつまいもを重ならないように並べ入れ、
　ひたひたの水（1カップほど）とAを加えて煮
　立てる。落としぶたをし、弱火にする。途中
　で一度返して煮汁が全体にいきわたるように
　し、透き通ってくるまで30分ほど煮る。

卯の花

おからの煮ものです。京都では
「きらずのたいたん」とも。
「おからはよく炒り、だしが出る
食材を加えるのがコツ」と、
教えられてきました。

金時豆の甘煮

子どものころ、ストーブの上には
煮豆の鍋がよくのっていました。
今は甘みを抑え、ほっこりとした
豆の風味を大切にする煮方に
変わってきています。

材料（2人分）

おから…150g
乾燥桜えび…5g
にんじん…⅕本（30g）　⇒5mm角に切る
しいたけ…2枚（40g）　⇒5mm角に切る
長ねぎ…½本（青い部分も含めて50g）
　⇒小口切り
A 酒、みりん、しょうゆ、砂糖…各大さじ1
■ サラダ油

作り方

1 小さめのフライパンにおからを入れ、弱火で
パラパラになるまで5分ほど炒って、取り出
す。

2 1のフライパンにサラダ油大さじ½を熱し、
にんじん、しいたけ、長ねぎをしんなりする
まで炒め、水¼カップを加える。煮立った
ら**A**で調味し、弱火で2分ほど煮る。

3 桜えびと1を加え、弱火で3分ほど煮て、水
分をとばす。

材料（1袋分）

金時豆…1袋（300g）
　⇒さっと洗い、水1ℓを
　　加えて5〜6時間つける
A 砂糖…200g
　　塩…少々

作り方

1 厚手の鍋に金時豆を水ごと入れ、強火にか
ける。煮立ってきたらアクを取り、ふたを
して弱火で40〜50分煮る。

2 **A**を加え、なじむまで10分ほど煮る。

Point

砂糖を加えるのは、豆がやわ
らかく煮えてから。初めから
加えると、豆がかたくなって
しまいます。

高野豆腐の煮もの

最近の高野豆腐はもどし時間が短くなり、
食感もなめらかになりました。
だしをたっぷり含ませながら煮て、
その舌ざわりを楽しみます。

厚揚げの煮もの

薄味で煮る高野豆腐とは違い、
厚揚げはこってりと甘辛い味で煮ます。
精進料理との結びつきも強く、
お供えものにもされていました。

材料（2人分）

絹厚揚げ…1枚（200g）

⇒ペーパータオルで包んで油抜きをし、6等分に切る

A 水…¼カップ

酒、みりん、しょうゆ…各大さじ1

砂糖…大さじ½

作り方

1 鍋に**A**を煮立てて厚揚げを重ならないように
入れ、落としぶたをする。中火にして5分ほ
ど煮たら返し、さらに3分ほど煮る。

2 落としぶたを取り、煮汁が少なくなるまで煮
つめる。

材料（2人分）

高野豆腐…2枚（34g）

⇒たっぷりの湯（50℃）に5分ほどつけてもどす。
　水で押し洗いをして水けを絞り、4等分に切る

A だし汁…1½カップ

酒、みりん…各大さじ1½

砂糖…大さじ1

しょうゆ…大さじ½

塩…小さじ½

作り方

1 鍋に**A**を煮立てて高野豆腐を入れ、落としぶ
たをして、弱火で20分ほど煮る。火を止め、
そのまま味を含ませる。

たけのこの土佐煮

実家に竹林があったので、たけのこはよく食べました。かつお節で煮る土佐煮は若竹煮より気取りがなく、食卓によくのぼった春の思い出です。

材料（2人分）

ゆでたけのこ…300g
　⇒縦半分に切り、穂先5㎝は縦6〜8等分に切り、
　　残りは1㎝厚さの半月切り
A だし汁…1カップ
　酒、みりん…各大さじ1½
　しょうゆ…大さじ½
　砂糖…小さじ1
　塩…小さじ½
削り節…1パック（3g）

作り方

1 鍋に**A**を煮立て、たけのこを入れる。落としぶたをし、弱火で20分ほど煮る。

2 煮汁が少なくなったら削り節をまぶす。

漬けもの

白菜の即席漬け

材料（作りやすい分量）

白菜…⅛個（300g）
　⇒縦半分にして2〜3cm大に切る
塩…6g（野菜の2％）
昆布…3cm角1枚
赤唐辛子…½本

作り方

1　ポリ袋に、白菜、塩、昆布、赤唐辛子を入れ、空気を入れて袋ごとふり、塩をまぶす。空気を抜き、密閉して6〜7時間おく。

2　白菜がしんなりしたら、出てきた水を捨て、昆布は細切りにして混ぜる。水けを絞り、器に盛る（翌日でもおいしい）。

昔も今も、これからも作り続けられる漬けものです。
ポリ袋さえあれば大丈夫。
どんな野菜でも2％の塩分量を守れば、失敗しません。

かつてはどこの家にもぬか床があり、ぬか漬けは朝昼晩と食卓に並びました。ぬか床は簡単に作れて経済的なので、ぜひ作ってみてください。

ぬか漬け

材料（作りやすい分量）

米ぬか…1kg
A 水…4カップ
└ 粗塩…150g
昆布…6cm
　⇒3cm長さに切る
赤唐辛子…1〜2本
捨て漬け用野菜
└ キャベツ、にんじん、
　かぶの葉、
　しょうがの皮など
…各適量

作り方

1 ぬか床を作る。鍋に**A**を煮立て、塩が溶けたら火を止めて冷ます。

2 大きめのボウルに米ぬかを入れ、**1**を少しずつ加える（a）。手で底から混ぜるようにし、にぎるとようやくまとまるくらいのかたさにする。

3 昆布、赤唐辛子を加えて混ぜ（b）、漬けもの容器に移す。

4 捨て漬け用野菜を**3**のぬか床の底に埋め込み（c）、表面を平らにしてふたをする。冷暗所に置く。

5 1日1〜2回（カビが発生しやすい5月下旬〜10月は2回）、底から掘り返すように混ぜ、捨て漬け用野菜を1日1回替える。これを1週間〜10日くり返し、みそくらいのかたさになり、しっとりしたら、ぬか床の完成。昆布を取り出す。

6 本漬けをする。好みの野菜に塩適量（分量外）をすり込んでぬか床に埋め込み（d）、半日〜1日漬ける。

7 食べるときは流水でぬかをさっと洗い落とし、食べやすく切る。ぬか床がやわらかくなったら、米ぬかを少量ずつ足していく。

漬け方
※夏季は漬け時間が短く、冬季は漬け時間が長くかかる。

きゅうり	丸のまま、半日。
にんじん	太い部分は縦半分にし、1日。
なす	へた先を取り除いて、縦に切り込みを入れ、ぬかを詰めて、1日。
かぶ	皮つき（根元の汚れた部分はそぎ取る）で、縦半分に切り込みを入れ、ぬかを詰めて1日。
キャベツ	縦半分に切って、切断面にぬかをひとつかみ置き、1日。
みょうが	丸のまま、半日。
長いも	皮をむいて、太い部分は縦半分に切り、1日。
ゴーヤ	縦半分に切って種を取り、1日。

(a)

(c)

(b)

(d)

石原洋子

料理研究家。日本料理、フランス料理、中国料理をその道の
第一人者から学び、料理研究家のアシスタントを経て独立。
自宅で主宰する料理教室は40年以上にわたって人気。ほと
んどの生徒が何十年も通い続けている。一方、テレビ、雑誌、
書籍の分野でも活躍し、そのレシピはしっかりとした基礎と
豊富な知識に基づき、くり返し作れると定評を得ている。夫
は、元ホテルオークラ総料理長の根岸規雄氏。
近著に『忙しい人ほど楽になる！圧力鍋の生涯作り続けたい
レシピ100』『石原洋子の梅干し 梅酒 梅料理』（ともに主婦と
生活社刊）などがある。

STAFF

撮影／南雲保夫
デザイン／蓮尾真沙子 (tri)
スタイリング／福泉響子
取材・文／遠田敬子
調理アシスタント／荻田尚子　清水美紀　泉名彩乃
校閲／河野久美子　泉 敏子
編集／上野まどか

石原洋子の
昔ながらのおかず

著　者	石原洋子
編集人	束田卓郎
発行人	倉次辰男
発行所	株式会社主婦と生活社
	〒104-8357 東京都中央区京橋 3-5-7
	TEL03-3563-5129（編集部）
	TEL03-3563-5121（販売部）
	TEL03-3563-5125（生産部）
	https://www.shufu.co.jp
製版所	東京カラーフォト・プロセス株式会社
印刷所	共同印刷株式会社
製本所	株式会社若林製本工場

ISBN978-4-391-15925-7